고구려 신화의 주인공을 위한 노래

고구려 신화의 주인공을 위한 노래

초판 1쇄 발행 | 2023년 12월 15일
지은이 | 전호태
펴낸이 | 이연숙

펴낸곳 | 도서출판 덕주
출판신고 | 제2018-000137호
주소 | 서울시 종로구 인사동길 19-2(와담빌딩) 6층
전화 | 02-733-1470
팩스 | 02-6280-7331
이메일 | duckjubooks@naver.com
홈페이지 | www.duckjubooks.co.kr

ISBN 979-11-979349-7-1 (03910)

ⓒ 전호태, 2023

출판사와 저작권자의 허락 없이 이 책의 도판과 텍스트 사용을 금합니다.
책값은 뒤표지에 있습니다. 잘못된 책은 구입처에서 바꾸어 드립니다.

고구려 신화의 주인공을 위한 노래

- 돌에 불어넣은 숨결, 고구려 신화 이야기 -

전호태 지음

彡덕주

• 들어가며

　신화神話는 사람들이 소망하던 세상, 꿈꾸며 이루기를 바라던 세계, 머릿속으로 그려내던 풍경이다. 풍경 안에서 울고 웃던 사람들, 이들이 만나던 생명 있는 것들이 펼쳐낸 드라마다. 신화에선 이 사람들이 생명 있는 것들과 교감하며 말과 마음 주고받던 신이고 정령이다.
　신화에는 원형이 없다. 이야기와 그림이 섞이며 내용이 더해지거나 빠지기도 하고, 곁가지 타고 흐르기도 하는 까닭이다. 할아버지, 할머니에게 듣고 다음 세대에 전하거나, 이웃과 나누는 과정에 나고 드는 게 있을 수밖에 없다. 게다가 이야기하고, 머릿속으로 그려내는 능력이 사람마다 다르니, 말 그대로 판박이로 전하는 신화는 어디에도 있기 어렵다.

　고구려 신화로 전하는 건 유화柳花와 주몽朱蒙 이야기이다. 고구려 신화가 가지 쳐 나온 동명신화東明神話가 있지만, 이것은 부여夫餘 이전 색리국索離國 등으로 불리던 북방 왕국 건국담의 다른 버전에 불과하다. 그럼 어디서 원형을 찾겠는가. 오히려 더하고 빠진 것들을 잘 찾아, 유적 발굴 현장에서 수습한 깨진 질그릇 다시 붙이듯 빈틈 메워 넣으며 신화에 생명 바람을 불어넣는 게 나을 것이다.

한 해 동안 해신과 달신, 선인과 신비로운 새, 짐승들을 돌에 새기면서 이것도 신화 되살리기라는 생각이 들었다. 수십 년 동안 보아 온 작품들을 하나하나 뜯어보며 원형에 가까우면서도 변형된 이미지를 만들어 내다보면 ―가능한 원형에 가깝게 새기려 하면서도 보이지 않는 눈, 코, 입을 더하고, 빈 곳에 적절한 장식문을 더하는 식으로 재현과 변형이 이루어진다― 신화도 이런 식으로 입에서 입으로, 기록에서 기록으로 전해 내려온 거 아닐까 싶은 마음이 든다.

갤러리 초대로 여는 개인전에 앞서 2023년 3월, 고구려 신화 전반을 소개하는 단행본을 별도로 출간했다. 그런 뒤 작품 마무리를 하고 생각해 보니 작품 해설도 별도로 필요할 것 같아, 편하게 펼쳐 볼 수 있는 작고 얇은 도록 형태의 책도 따로 준비해 보았다. 작품 사진과 시, 간략한 설명 형식의 에세이를 덧붙인, 말 그대로 작품 안내서다.

신화라는 말이 들어간 데서 알 수 있듯이 이 작품집은 고구려 사람들이 믿고 기도하던 신앙 대상에 대한 것이다. 현재의 시각에서는 상상의 세계지만, 왕과 귀족, 백성들이 어우러져 살던 땅, 고구려라는 나라가 있던 바로 그때, 신화 속 존재들은 생명을 지닌 실체로 고구려 사람들의 일상 속에 숨 쉬고 있었다.

고구려에서 발해까지 역사의 무대에서 사라진 지 1100년이 흐른 지금, 벽화로 숨 쉬던 고구려 사람들의 신앙 대상을 돌에 옮겨 생명의 숨결을 불어넣었다. 벽화에 남아 있지 않던 눈과 코와 입, 손과 발, 날개와 꼬리를 더해 생명을 지닌 실체로 되살려본다. 여전히 고구려와 발해를 기억하고, 만주와 한반도, 일본 열도를 아우르던 한 시대의 주인공들과 다시 만남을 기다려온 사람들을 해모수와 유화, 주몽이 열었던 세계로 초대한다.

2023년 11월, 전호태

차례

들어가며 •4

1부
돌에 불어넣은 숨결,
고구려 신화 이야기

달신 •14
해신 •18
신농神農 •22
불의 신 •26
쇠부리 신 •30
숫돌의 신 •34
수레바퀴의 신 •38
전쟁신 •42
거문고 타는 선인仙人 •46
비파 타는 선인 •50
뿔나팔 부는 선인 •55
학을 타고 나는 선인 •59
하늘 기운 타고 나는 선인 •62

당번幢을 든 선인 • 65

번번幡을 든 옥녀玉女 • 69

선계仙界로 가는 선인 • 72

천왕天王 • 77

천문지기 • 81

달과 선인 • 85

요고腰鼓 연주하는 선인 • 89

단약丹藥 사발을 든 선인 • 93

소머리 새 • 97

짐승머리 새 • 101

성성이 • 104

토끼머리 새 • 108

사람머리 짐승 • 111

지축地軸 • 115

부귀富貴 • 118

비어飛魚 • 121

천마天馬 • 125

천록天鹿 •129

만세萬歲 •133

천추千秋 •137

기린麒麟 •142

2부
부록

고구려의 신화와 역사를 보여주는 고분벽화 •150

웅녀의 동굴, 유화의 방 - 신화 속 두 세계의 접점 •170

고구려 고분벽화의 직녀도 •189

고분벽화로 본 고구려인의 신선신앙 - 고분벽화의 신선신앙 제재 •222

참고문헌 •265

1부

돌에 불어넣은 숨결, 고구려 신화 이야기

달신

고구려 오회분4호묘 벽화 달신

해와 달

제가 빛나면 해고
그 빛 받으면 달이다.
달은 스스로 타는 대신
햇빛 받아 빛나고
해는 저 스스로를 태워
빛을 건넨다.

저를 보지 말라며
동생은 빛을 내고
오빠는
그 빛으로 밤을 밝힌다.

오빠야,
난 뵈는 게 두렵다.
동생아,
난 네가 스스로를 태우는 게 싫다.

오빠와 동생은 서로에게
빛으로

아침과 저녁을 건넨다.
오늘도 밤은
오빠가 밝히고
낮은
동생이 비춘다.
하루 밤낮이
오빠와 동생 사이를
잇는다.

　유화柳花는 고구려의 건국 시조 주몽朱蒙의 어머니다. 강의 신 하백河伯의 딸로 태어나 하늘 임금의 아들 해모수解慕漱와 하룻밤 인연을 맺었다. 우발수優渤水 가에서 해신 해모수와 보낸 하루로 주몽을 밴 유화는 신랑 된 이와 함께 하늘로 오르지 못했다. 신랑 해모수는 다시 하늘로 올라갔고, 신부 유화는 땅에 남았다.
　광개토대왕의 신하였던 모두루牟頭婁, 그의 『묘지명』에는 동명왕 주몽이 해와 달의 아들로 일컬어진다. 아버지는 해신이고, 어머니는 달신이다. 주몽의 아버지 해모수는 해신이고, 어머니 유화는 달신이라는 것이 5세기 고구려 사람들의 믿음이고 인식이었다.
　음양론에 따르면 해는 양의 기운이 뭉친 것이고, 달은 음의 기운이 모인 것이다. 빛은 양의 기운을 보이는 것이고, 물은 음의 기운을 드러내는 것이다. 유화는 물의 기운을 담은 물의 신이니 달의 신이기도 한 셈이다. 전하는 이야기에 하백이라는 큰 강 청하靑河의 신이 따로 등장하지만, 처음 신화의 모습을 띠고 사람들 입에서 입으로 이야기가 전할 때는 유화가 큰 강의 신으로 온전히 그려졌을 것이다. 가부장적인 사고가 개입되면서 하백이라는 가공의 존재가 더해지면서 유화가 강신의 딸로 그려졌을 가능성이 크다.

고구려 후기 벽화고분인 오회분五恢墳4호묘, 오회분5호묘에는 해신과 달신이 그려졌다. 달신은 여성이고 해신은 남성이다. 서로를 향해 날아오르면서 두 손으로는 각각 해와 달을 머리 위로 받쳐 들고 있다. 둘 다 상반신은 사람이고, 하반신은 용인 하이브리드hybrid 생명체. 벽화 속 해신은 살아서 하늘로 올라가 해신의 자리에 오른 주몽이고, 달신은 주몽을 새 나라의 시조로 키운 달신 유화임에 틀림없다.

신라와 당의 연합군에 평양성이 함락당하는 그 순간까지 고구려 사람들은 해와 달의 아들 동명왕 주몽이 나라를 지켜 주리라는 믿음을 버리지 않았다. 달신이자 큰 강의 신으로 주몽을 낳고 기르며 왕의 길을 일러준 어머니신 유화에게 나라를 지켜 달라고 비는 것도 잊지 않았다. 고분벽화 속 해신과 달신, 주몽과 유화는 역사 내내 고구려 사람들의 마음 한가운데서 떠나지 않은 나라의 아버지이자 어머니요, 고구려 역사와 문화 그 자체다.

해신

고구려 오회분4호묘 벽화 **해신**

오빠가 동생에게

동생아,
너와 나 사이에
천 길 구렁이 있구나.
바닥없는 함정이
입 벌리고
내 걸음 막는구나.
빛으로는 건너도
걸음으로 내딛지는 못하는구나.

동생이 오빠에게

오빠,
우리 둘 사이에
건널 수 없는 금이
그어졌네요.
예전의 어린 오누이가 아니라,

어엿한 남자와 여자가 되어서 그렇대요.

오빠는 해였다가
달이 되었지만
난, 처음부터
해와 달이었어요.

1세대 신화로 거슬러 올라가면 해와 달도 하나고, 아버지 어머니도 하나다. 여성이었던 처음 신은 몸 안에 음과 양의 기운을 다 지니고 있었다. 배우자 없이 한 몸으로 남신과 여신을 낳고 하늘과 땅을 품고 있던 어머니 신은 신화라는 무대 뒤편으로 물러난다. 남신과 여신, 해신과 달신, 해와 달이 된 오누이 동화는 2세대 신들의 이야기인 셈이다.

오빠가 해님, 동생이 달님이었다가 어두운 게 무서운 동생을 위해 오빠는 달님이 되고 동생은 해님이 되었다는 이야기의 결말은 해와 달 신화의 처음 모습에 가깝다. 후대의 가부장 관념이 적용된 신화에서 해신은 남자이고 달신은 여자이기 때문이다.

해와 달의 아들 주몽은 새 나라 건국을 선언한 뒤 19년 만에 하늘에서 내려 보낸 황룡의 머리를 딛고 하늘로 올라갔다. 죽어서 흙 속에 누운 게 아니라 신의 아들답게 살아서 하늘로 올라간 것이다. 하늘로 올라간 주몽은 어떻게 되었을까? 해신이던 아버지 해모수의 뒤를 이었을 것이 틀림없다. 고분벽화에 보이듯이 두 손으로 해를 받쳐 들고 고구려 사람들에게 빛을 비추어 주었을 것이다.

중국 신화의 복희, 여와 이야기나 동화 속의 해님, 달님 이야기로 알 수 있듯이 신화 속 남녀 주인공 신은 본래 남매 사이일 수도 있고, 어머니와 아들, 아버지와 딸일 수도 있다. 신화에서 중요한 것은 남자와 여자로 성별이 다른 두 신이 결국 무엇이 되고 어떤 역할과 기능을 맡게 되었는지 이다. 모자인지, 부녀인지, 남매인지는 신들의 이야기를 전하는 이야기꾼, 샤먼, 역사가의 몫이다.

하늘에 올라가 해신이 된 주몽과 주몽에게 왕의 길을 일러준 유화를 위해 고구려 사람들은 사당을 짓고 해마다 제의를 치렀다. '주몽사朱蒙祠'로 불린 이 사당은 두 분 남녀 시조신을 모신 고구려 사람들 신앙의 중심이기도 했다. 나라에 큰일이 있거나, 개인적으로 어려운 일이 있으면 고구려 사람들은 고구려의 주요 도시 어디나 세워진 주몽사에 와서 제를 올리고 기도했다.

『광개토왕비문廣開土王碑文』으로 알 수 있듯이 고구려 사람들은 주몽이 세운 나라 고구려에서 산다는 걸 자랑으로 여겼다. 광개토대왕이 다스릴 즈음엔 고구려를 천하 사방의 중심으로 인식했다. 성스러운 나라 고구려의 시작이 해신과 달신의 아들 주몽이었으니 당연한 일이기도 했다.

신농 神農

고구려 오회분5호묘 벽화 **신농**

소사람

잠시
소 되기로 했다
꾀가 나서
소가죽 썼다
땅 고르고
밭매기 싫어
외양간 들어갔다

아니구나
여물 먹고 되씹으며
세월 보내렸더니
아니구나
쟁기질 한 번 하고
열흘 노는 줄 알았더니
아니구나

죽기로 했다
세상 뜨기로 했다
소가죽 못 벗으니

길가 무밭 무 먹고

산 넘고 물 건너

서천 서역 길 가려 했다

다시

사람 되었다

꾀 모르는

일꾼 되었다

외양간 소 마주 보며

벗처럼 웃는

새 얼굴 되었다

    소는 목축의 대상이기도 하지만, 농사에 더없이 귀중한 일꾼이다. 소에 멍에를 씌워 쟁기를 끌게 하면서 깊이갈이가 가능해졌고, 밀과 보리, 쌀의 생산량이 크게 늘었다. 소의 힘을 빌려 농사짓는 것과 그렇지 않은 농사로 거둘 수 있는 곡식 수확의 정도는 차이가 매우 크다. 소가 농사의 상징이 된 것도 한 해 농사에 끼치는 소의 영향이 말할 수 없이 컸기 때문이다.

    여러 문화권에서 소는 신이거나, 신을 대신한다. 신은 소의 모습으로 오기도 하고 소와 함께 나타나기도 한다. 고대 이집트에서 소는 성스러운 존재였고, 인도의 브라만교Brahmanism와 힌두교에서 소는 신의 화신이었고, 지금도 그렇다. 고대 중국에서 소는 신에게 제사 지낼 때 희생으로 쓰는 가장 신성한 동물이었다. 견우별, 직녀별은 농사를 돕는 소, 옷감을 짜는 여인이 주인공인 신화, 전설의 산물이기도 하다.

고구려 고분벽화에 등장하는 농신農神은 머리가 소인 사람이다. 중국의 한나라 화상석畫像石에는 신농神農으로 불리던 농사의 신이 면류관을 쓴 제왕으로 묘사된다. 하지만, 고구려 오회분4호묘, 오회분5호묘 벽화에 표현된 농사의 신은 곡식 이삭을 한 무더기 손에 쥐고 앞으로 달려 나가는 소머리 사람이다. 중국 화상석보다 늦은 시기에 그려졌음에도 고구려 벽화의 농신이 자신을 주인공으로 삼은 신화에 가장 가까운 모습을 하고 있는 셈이다.

벽화의 배치로 보아 목축, 어업, 사냥으로 살던 사람들도 적지 않았던 고구려 사회에서 해신, 달신 다음으로 중요시되었던 신은 농사를 관장하는 농신이 틀림없다. 이는 농업이 고구려 생산 경제에서 지니는 비중이 매우 높았기 때문일 것이다. 건국 시조 주몽이 부여를 떠나 남으로 내려올 때, 어머니 유화가 비둘기를 날려 보내 아들에게 오곡五穀 종자 주머니를 전한 것도 당시 만주 일대에서 가장 중요한 산업 활동은 농사였다는 사실을 잘 알려준다. 소머리 사람 농신 이야기는 6세기 당시 고구려 사람 누구나 잘 알고 있었을 것이다.

불의 신

고구려 오회분4호묘 벽화 **불의 신**

불

네게 건넨 건
찬 기운 밀어내는
따뜻함이다
네게 내민 건
생 것 익히는
뜨거움이다

네가 내치려 한 건
누운 자리 재로 만드는
붉은 기운이다
네가 외면하려 한 건
질투와 분노에서 비롯되는
소멸이다

    불을 다룰 줄 알게 되면서 인류는 자연과 구별되는 존재가 되었다. 자연 만물은 불로 말미암아 인간의 손안에 들어왔다. 불이 사람의 삶을 바꾸었다. 그렇다면 불이라는 자연 현상이 사람과 세상을 한 손에 쥐게 된 것 아닌가?

고구려 통구사신총通溝四神塚 벽화에는 구멍 속에 가늘고 긴 막대를 넣고 돌리면서 불을 피우려는 사람이 등장한다. 아마도 막대의 끝에는 마른 쑥 같은 게 있어 막대를 돌리면서 내는 마찰열로 생기는 불씨를 살리는 쏘시개 역할을 할 것이다.

고구려 오회분4호묘와 오회분5호묘 벽화에는 불의 신이 등장한다. 한 손에 불이 타오르는 작은 막대를 들고 춤추듯이 앞으로 나아가는 모습이다. 신의 눈은 자신의 오른손에 들고 있는 불 막대를 향했다. 나란히 앞으로 나아가는 소머리 신이 자신의 오른손에 든 이삭 더미엔 눈길을 주지 않고 앞을 향해 힘 있게 걸음 내딛는 듯이 보이는 것과 대조적이다.

고구려 사람들이 불을 잘 다루었다는 것은 삼국 가운데 가장 앞섰던 제철, 제련 기술로도 확인되고, 불사약 제조와 관련이 깊은 금 제련에 특히 뛰어나다는 중국 동진 갈홍葛洪의 기록으로도 알 수 있다. 비늘 모양의 얇은 쇠편을 엮어 만든 고구려군의 찰갑옷은 가벼우면서도 방어력이 뛰어나 고구려가 동아시아의 강국으로 자리매김하는 데에 큰 도움을 준 방어 용구로 고구려 선진적 제련 기술의 산물이기도 하다.

안타깝게도 고구려 사람들이 믿고 받들었던 불의 신에 대한 기록은 전하지 않는다. 불의 신을 어떤 이름으로 불렀고, 불의 신과 관련된 제의가 언제, 어떻게 치러졌는지도 알 수 없다. 그러나 고구려가 오랜 기간 동북아시아의 패권을 쥐고 있었고, 동아시아의 강국으로 자리 잡는 데에 큰 역할을 했던 게 고구려 사람들이 불을 다루는 능력이었다. 이 사실을 고려하면 고구려에 불의 신과 관련된 신화와 전설이 풍부하게 전해 내려왔고 그 결과가 6세기 고구려 고분벽화에 등장한 불의 신이라는 것은 두말할 나위 없다.

고구려 사람들이 불을 다루는 기술, 능력과 관련하여 한 가지 더 언급할 것은 고구려에서 백제와 신라로 전해진 온돌 시공 기술이다. 북옥저에서 기원한 것으로 전하는 온돌 난방을 대중화한 나라는 고구려다. 고구려 사람들은 일반 백성이 거주하는 자그마한 가옥에만 온돌을 놓은 게 아니라 군대의 주거시설이나 관청과 같은 공공시설에도 설치했다. 고구려의 영역과 영향력이 한반도 중남부 지역으로 확대되면서 온돌 기술도 남방으로 전해졌고, 급기야 한반도 전역이 바닥 난방인 온돌문화권이 된 것도 고구려 때문이다. 물론 이 온돌은 불기운이 방바닥에 설치된 고래를 타고 돌게 하는 시설이다. 출발점은 불 다루는 기술과 능력인 셈이다. 따뜻한 방바닥에 앉아 겨울을 날 수 있게 되면서 고구려 사람들의 불의 신에 대한 신앙은 더욱더 깊어졌을 것이다.

쇠부리 신

고구려 오회분4호묘 벽화 **쇠부리 신**

쇠부리 신

신이라도
직종이 문제다
불과 열로 온몸이
땀이다
쇠부리 맡은
내 잘못이다

신이라도
못 쉬면 고역이다
달구고 두드리느라
낮밤이 없다
벌건 쇠가 얄미워
마치질 한 번 더
한다

중국 길림성 집안의 6세기 고구려 고분벽화에는 쇠부리신이 보인다. 달군 쇠를 모탕 위에 놓고 마치로 두드리는 모습은 영락없는 대장장이다. 아마 고구려, 백제, 신라의 대장장이들은 벽화에 보이는 그 자세, 그 모습으로 쇠를 두드리고 식히고, 달구기를 거듭했는지도 모르겠다. 물론 벽화에 등장하는 신들은 옷도 그럴듯하고 얼굴도 멀쩡하다. 하지만, 실제 대장장이들은 늦가을에도 웃통을 벗어젖히고 일했을 것이다. 벌겋게 달아오른 쇠를 벼리면서 식히고, 다시 달구어 두드리기를 수없이 하는 게 대장장이 일이니, 온몸에 땀이 비 오듯 흐르지 않았겠는가?

『삼국유사三國遺事』에는 신라의 4대왕 탈해脫解에 대한 재미있는 이야기가 전한다. 탈해가 아이일 때, 토함산 위에 올라가 돌집을 짓고 일주일간 머물다 내려와 초승달 모양의 봉우리 아래 지세가 좋은 땅이 있는 걸 보고 꾀를 내어 주인을 내쫓고 그 집을 차지했다는 것이다. 내용은 이렇다. 몰래 숫돌과 숯을 그 집 곁에 묻어놓고 새벽에 문 앞에 가서 '이 집은 조상 때부터 우리 집이오.' 하자 주인인 호공瓠公이 아니라 했다. 둘이 다투다가 관가에 갔다. 관가에서 '당신 집인 걸 증명하라'고 하자, '우리는 본래 대장장이였는데, 이웃 고을에 간 사이 다른 사람이 빼앗아 사는 것이오' 하며 '땅을 파서 살펴보자' 하였다. 땅을 파 보니 과연 숫돌과 숯이 나오므로 탈해가 그 집을 차지하고 살았다.

당시 신라에서 대장장이가 어떤 대접을 받았는지는 알 수 없으나, 바다에서 온 탈해가 대장장이의 후손이라고 내세우는 이 이야기를 사람들은 의미 있게 받아들인다. 대장장이가 후대처럼 단순한 공장이로 취급받지 않을 때의 이야기라는 것이다. 신라 초기의 대장장이는 고급 기술을 가진 주요한 인물로 대접받았으며, 평범한 백성이 아니었다고 이해한다. 아마 실제로 그랬을 가능성이 크다. 철기가 귀중히 여겨질 때니, 그것을 다루는 사람도 주요한 인물로 여겨졌을 수 있다.

그러나 귀한 대접을 받으면 뭘 하는가? 담금질하는 이 직업, 대장장이 일은 고되기 이루 말할 수 없다. 종일 땀과 씨름하며 쇠를 두드리는 게 일이다. 쇠를 녹이는 용광로에 풀무질해야 하고, 뜨거운 쇳물 눈으로 보며 거푸집에 부어 도끼며 칼을 만들어 낸 다음, 벼리고 벼려야 한다. 수십 번 달구었다가 두드리고, 식혔다 다시 달구고, 제대로 된 칼 하나 만들려면 종일 작업으로도 모자란다. 고되기 이를 데 없는 이 일을 직업으로 삼아야 하니, 신이라 한들 날마다 즐거운 마음으로 이 일에 매달리기는 쉽지 않았을 것이다.

숫돌의 신

고구려 오회분4호묘 벽화 **숫돌의 신**

숫돌

갈고 갈아
날 내고
녹 벗긴다

갈고 갈아
예리한 날 만들고
반짝이는 거울 만든다

갈고 갈아
빛나게 하고
눈부시게 한다

갈고 또 갈아
마음 닦이게 하고
눈 열리게 한다

갈고 또 갈아
쇠도 구슬 되게 하고
숫돌도 모래알 되게 한다

갈고 또 갈아

세월도 이슬 되게 하고

기억도 바람 되게 한다

전통사회에서 숫돌은 필수품이었다. 소, 양 먹이는 목동도 허리띠에 숫돌 걸고 나가는 게 일상이었다. 칼이건, 낫이건 날이 무뎌지면 쓸모가 없으니, 녹 덮이기 전에 숫돌에 날 갈아두는 게 상식이었다.

유리 거울 보급되기 전, 있는 집 필수품 가운데 하나이던 청동거울도 오래 두면 얇은 녹이 덮이면서 얼굴 보는 면이 흐려졌다. 당연히 숫돌로 갈아야만 한다. 청동거울 민면 갈기는 숙련된 기술이 요구되었으므로 거울 갈이 장인이 집집이 다니면서 맡아 갈아주고는 했다.

칼이나 낫도 마찬가지로 장인이 마을마다 다니면서 한나절씩 숫돌로 갈아주었다. 집에 둔 작은 숫돌로는 커다란 낫은 물론이요, 부엌에서 쓰는 큰 칼도 무딘 날 잠시 세워주는 정도 이상으로는 갈아내기 어려웠다. 그런 까닭에 정기적으로 마을이나 골목으로 들어오는 장인에게 날 세우는 일을 맡겼다. 날 잘 세우는 장인에게 맡긴 칼이나 낫은 최소 6개월, 길게는 한 해 내내 써도 날이 무뎌지지 않았다.

6세기 고구려 고분벽화에 등장하는 숫돌의 신은 숫돌 지니고 다니며 거울 갈아주고, 날 세워주던 숫돌 장인들의 수호신이라고 할 수 있다. 동아시아의 예술 작품 가운데 숫돌의 신이 온전히 모습을 드러낸 사례는 고구려 고분벽화가 거의 유일하다고 할 수 있다. 중국의 화상석이나 고분벽화에는 숫돌의 신이 보이지 않는다.

6세기 마립간麻立干 시대, 신라의 왕과 왕족 무덤에서 발견된 허리띠에는 예외 없이 숫돌의 이미지를 재현한 장식물이 있다. 숫돌 이미지 장식은 마립간 시대를 연 사람들이 한때 목동이었음을 짐작하게 한다. 야외에서 오랜 시간을 보낼 수밖에 없는 목동들이 허리띠에 꼭 달고 다녀야 할 것이 작은 칼과 숫돌이었다. 이런 유물로 보아 신라에도 숫돌 신과 관련된 신화와 전설이 전해 내려왔을 수 있다.

수레바퀴의 신

고구려 오회분4호묘 벽화 **수레바퀴의 신**

수레바퀴 신

하나만 더
바퀴 살 손보면 마친다
여기만 살짝 바루면
테 다듬기 끝난다

쉼 없이 굴러
멀쩡한 건 없다
살과 테 사이 벌어지고
살과 축 이은 자리 틈 생긴다

뾰족한 돌 사이 비집고
둥근 바위틈 지나다가
테는 상하고
축은 골병 든다

이리저리 길 더듬다
닳은 테 이지러지고
틈 벌어진 살 빠지면
수레바퀴 새로 넣어야 한다

신이라 머리 조아리더니

바퀴 못 놓게 하고

희생동물 내놓으며

바퀴와 살라고 한다

오늘날 바퀴의 쓰임새는 대단히 다양하다. 하지만, 전통사회에서 바퀴는 주로 수레에 달아 수레에 올린 짐 옮기는 데 쓰였다. 물리적으로 바퀴는 위치 에너지를 운동 에너지로 바꾸는 동력 전달용 도구다. 사람이 끌든, 소나 말이 끌든 수레에 매단 무엇인가가 움직이면 그 움직이는 힘이 바퀴에 전달되어 바퀴가 굴러가고 덩달아 수레와 수레에 올린 짐이 움직이는 것이다.

최초의 바퀴는 통바퀴였다. 이런 형태의 바퀴로도 수레를 움직일 수는 있지만, 고르지 않은 길로 짐을 옮길 때는 수레가 심하게 흔들려 짐을 온전한 상태로 옮기지 못할 수 있다. 이런 단점을 보완하기 위해 발명된 것이 축과 테 사이에 살을 넣은 살바퀴이다. 살바퀴는 길에서 받는 충격을 최소화하여 수레에 전달하게 되므로 수레의 짐이 안정된 상태로 옮겨질 수 있게 한다.

고구려의 도시와 도시, 성과 성 사이를 잇는 도로가 어느 정도 정비되었는지는 정확히 알기 어렵다. 그러나 신라나 백제의 길 유적 발굴 결과를 참고하면, 간선도로에 해당하는 곳에서는 수레 2대가 마주 보며 지나다니기에 적합한 정도의 너비로 길이 잘 정비되고 유지되었음이 확실하다. 당의 장안성을 본떠 만들어진 평양 장안성의 경우, 주작대로에 해당하는 길은 여러 대의 수레가 동시에 오갈 정도로 넓었다.

고대사회 초기에는 상당한 기간 여러 마리의 말이 끄는 전투용 수레가 사용되었지만, 농경사회에도 기병 전투가 도입되면서 가볍고 빠른 전차가 더는 만들어지지 않았다. 수레를 끄는 동력원은 말에서 소로 바뀌었고, 천천히 앞으로 나아가는 소수레는 왕족과 귀족의 자가용으로 사용되었다. 물론 승차감을 개선하기 위해 왕족과 귀족이 타는 수레의 바퀴는 살이 12개나 16개, 심지어 24개인 것도 있었다.

고구려의 오회분4호묘, 오회분5호묘 벽화에는 수레바퀴의 신이 등장한다. 코가 높은 신을 신고 천의를 날리며 수레바퀴 손보기에 열중하고 있는 인물이 수레바퀴의 신이다. 안타깝게도 이 신이 주인공인 신화나 전설은 전하지 않는다. 6세기 고구려 사람들 사이에 늘 이야기되던 신 가운데 하나였고, 기도와 제의의 대상이었음이 틀림없지만 말이다. 언젠가 이 신과 관련된 단편적인 기록이라도 발견되기를 기대한다.

전쟁신

고구려 삼실총 벽화 **전쟁신**

전쟁신

무대의 막 올리고
함성 기다린다
뿔나팔 크게 울리고
북 치는 소리 요란하면
시작된 거다
죽고 죽이는 자리
살았던 자
시신 되어 엎드러지는 곳
그 한가운데 서서
깃발 흔든다
막 내리면
나팔 소리 간 곳 없고
찢어진 북 버려진
바로 거기
산 자는 침묵하고
죽은 자는 소리 지르는 자리
한가운데 가만히 서서
말없이 깃발 휘두른다

전쟁은 무섭다. 죽고 죽이기 때문이다. 죽음을 가슴에 안고 나가는 곳이 전쟁터이다. 누가 죽을지 아무도 모른다. 살아서 돌아올 자 누군지 아는 이 없다. 그 자리에 서면 누구나 죽음의 신과 씨름한다. 사람들은 너나없이 전쟁의 신에게 답으로 돌아오지 않을 일 묻는다. 살아 돌아갈 수 있을까요?

고구려 삼실총三室塚 벽화에는 전쟁의 신으로 보이는 인물이 등장한다. 사람인지, 짐승인지 모르는 하이브리드 생명체가 창 한 자루를 세워 둔 채 앞을 보고 있다. 오른손에는 창이고 왼손엔 깃발이다. 깃발 의 정체는 분명하지 않다. 손에 쥔 끈에 달린 게 8자꼴 풍선 비슷해서다. 이게 뭘 나타낸 것인지 아무도 모른다. 사실 고구려 고분벽화를 연구하는 사람 아니면 눈여겨보지도 않으니, 무엇인지 알 리도 없다.

중국의 신화 전설에서 염제炎帝 신농은 전쟁의 신이자 농업신이다. 인도 신화의 시바신Siva神이 그렇듯이 생산과 소멸을 한 손에 쥐고 있는 이가 염제 신농이다. 살리고 먹이며, 죽이고 없애는 건 동전의 앞뒤 면처럼 붙어 다니는 게 일반적이다. 오형五刑, 곧 죽음을 불러오는 무서운 벌을 내리던 서왕모西王母가 불사不死의 세계를 주관하는 존재로 재인식되는 거나 비슷하다.

5세기에 제작된 삼실총 벽화에 보이는 짐승 머리의 사람은 양쪽 끝에 날이 서 있는 창과 같은 무기를 세워 들고 있다. 이 신인神人은 이런 점에서 신적 이미지의 다른 존재들과 구별된다. 수문장도 아니면서 무기를 들고 하늘 한가운데 서 있는 이는 삼실총 벽화에만 보인다. 삼실총과 비슷한 시기의 작품인 무용총 벽화의 선인들은 하늘을 날아다니거나 거문고를 뜯거나 할 뿐이다. 무기 비슷한 도구를 몸에 지닌 이는 벽화에서 찾아볼 수 없다. 6세기 작품인 통구 사신총 벽화에도 하늘 한쪽 모서리에 등장하는 신인들은 불을 피우거나, 글을 쓰는 모습이지 손에 창이나 칼을 들고 있지 않다.

물론 삼실총 벽화의 신인이 전쟁의 신인지, 그저 무기를 들고 자신의 정체를 드러낸, 이름 모르는 신적 존재인지는 아무도 모른다. 곁에 누군지 알게 하는 묵서墨書가 쓰여 있는 것도 아니고, 근처에 전쟁과 관련 있는 제재가 그려진 것도 아니다. 짐승 머리의 사람인 이 신인의 모습에서 고구려 형식의 염제 신농 이미지가 읽히는 것에 불과하다.

고구려 고분벽화에 묵서가 쓰인 사례는 그리 많지 않다. 묵서는 5호 16국 시대 북중국 왕조에서 고구려로 망명 와 고구려왕의 신하가 되었음이 확실한 덕흥리벽화분의 주인공 진鎭 같은 사람의 무덤에 보일 뿐이다. 모두루총의 무덤주인 모두루의 묘지명처럼 토종 고구려 귀족의 무덤에 묵서명이 쓰인 사례는 몇몇에 불과하다. 더구나 모두루 묘지명을 제외하면 묵서로 쓰인 글은 짧거나 몇 되지 않는다. 삼실총이나 무용총舞踊塚에는 전혀 묵서가 보이지 않는다. 그러니 다른 고분벽화의 이미지를 고려하면서 누구일 거로 짐작하는 외에 정체에 대해 달리 할 말이 없다. 삼실총 벽화의 이 신인이 전쟁의 신인지, 아닌지, 앞으로 오랜 시간 기다려도 이런 짐작이 맞는지, 틀리는지를 말할 증거는 찾아지지 않을 것이다.

거문고 타는 선인仙人

고구려 삼실총 벽화 **거문고 타는 선인**

거문고

현 하나 튕기다 누르고
현 하나 누르다 튕기면
멀리
산 저편 하늘 너머
멀리
벌판 건너 구름 뒤
훨훨
날개옷 입은 선녀처럼
훨훨
아득히 먼 저기서
학 한 마리 날아와
나무 꼭대기 내려 앉는다

거문고는 유래를 알 수 있는 고구려의 악기다. 현재까지 연주법이 전하는 몇 안 되는 전통 악기의 하나이기도 하다. 4세기 중국 진에서 보내온 칠현금七絃琴을 고구려의 재상 왕산악王山岳이 개량했다고 전하는 이 악기는 긴 몸통에 16개의 괘를 놓고 그 위에 줄 6을 얹은 구조로 되어 있다. 왕산악이 백여 곡의 자작곡 가운데 하나를 연주하자 검은 학이 날아와 춤춘 까닭에 현학금玄鶴琴, 현금玄琴으로 부르게 되었다고 전한다. 거문고는 현금을 우리말로 부르는 이름이다.

보통 거문고의 몸통 위쪽은 오동나무로, 아래쪽은 밤나무로 만들며 속은 비어 있어 울림통 역할을 한다. 16개의 괘는 음의 높낮이를 내게 하려는 것으로 몸에서 먼 아래쪽에 놓은 큰 괘가 1괘이고, 몸 가까운 곳으로 올라오면서 작아지는 괘를 순서대로 2괘, 3괘로 부른다. 거문고 연주는 부드러운 가죽을 붙인 대모를 무릎 위에 올린 다음 왼손으로는 괘를 짚고, 오른손으로는 술대를 잡은 채 위나 아래에서 현을 튕기면서 음을 낸다. 대나무 술대는 연필만 한 게 보통이지만, 손이 크고 힘이 좋은 이는 이보다 긴 술대를 사용하기도 한다. 현재까지 전해 내려오는 옛 악보의 90%는 거문고 악보다.

고구려 무용총에는 거문고를 타는 남녀 두 선인이 등장한다. 서로 마주 보는 자세의 합주인데, 화가는 거문고를 타는 자세와 기법이 잘 드러나게 묘사했다. 하늘의 온갖 존재들 사이에 앉아 연주하고 있으니, 두 선인은 하늘 음악을 연주하고 있는 셈이다.

무용총의 하늘은 온갖 하늘 생명으로 가득한 곳이다. 땅과 하늘이 구분되는 경계에서는 연꽃 송이와 연꽃이 떠오르고 있고, 그 위의 열린 공간에서는 선인들이 날아다닌다. 선인들 사이로는 천추, 만세를 비롯하여 기이한 새와 짐승들이 각기 제 모습을 드러내고, 사이사이에는 별과 별자리들이 붙박여 있다. 거문고를 타는 두 선인도 이런 공간에서 하늘 음악 연주에 몰두하고 있다.

벽화로 그려진 꽃송이와 연꽃은 화생化生의 주체다. 화생이란 불교에서 말하는 네 가지 탄생 방식 가운데 하나로 정토에서만 이루어진다. 어머니의 몸에서 나는 태생은 어머니와 자식 사이의 인연의 끈을 만들어내므로 여섯 개의 세계에서 번갈아 태어나는 윤회전생輪廻轉生의 세계에서는 아무런 문제가 없다. 하지만, 모든 인연에서 놓여난, 자유로운 존재로 살게 되는 정토에서는 적용될 수 없는 탄생 방식이므로 왕생 정토할 수 있게 된 모든 존재는 누구든 연꽃에서 난다. 이것이 연화화생이다.

이런 사실을 고려하면, 무용총 하늘의 선인과 새, 짐승들은 정토 연꽃에서 태어난 생명들이다. 불교적 이상세계의 생명인 셈이다. 그러나 긴 모자를 쓰고, 당나귀 귀를 한 벽화의 선인들은 도교의 낙원인 선계의 존재들이다. 왜 이런 일이 일어났을까?

불교를 받아들이던 초기, 고구려 귀족들에게는 정토와 선계가 뚜렷이 구별되어 인식되지 않았기 때문이다. 장생불사의 세계에 사는 선인들이나 왕생 정토한 사람들이나 겉모습은 그게 그거지! 라고 생각해서다. 연화화생으로 태어나는 하늘 세계라는 것이 남녀 선인들의 거문고 연주를 듣다가 말 대신 학을 부리며 날아다닐 수 있는 곳이고, 그렇게 사는 게 낙원 생활이라고 상상했던 까닭이다. 사실 지금도 평범한 사람들은 불교 사원의 산신각을 들여다보다가 수염 허옇고 긴 산신을 보면 그분이 도교에서 말하는 불로불사不老不死의 신선이라고 생각한다. 도교의 낙원과 불교의 정토淨土를 굳이 구분하려고 하지 않는다. 무용총 하늘에 정토와 선계의 존재가 뒤섞여 표현되는 것도 어쩌면 당연한 일이라고 할 수 있다.

비파 타는 선인

고구려 삼실총 벽화 **비파 타는 선인**

비파

　　난 화려했던 성안의 삶 노래하는데,
　　넌 작은 마을 소박한 혼례 축하하는구나.
　　난 비단옷에 모란꽃 수놓는데,
　　넌 무명옷에 진달래 넣는구나.
　　난 고운 옥구슬 쟁반에 굴리는데,
　　넌 자그만 고둥 몇 소반에 올리는구나

　비파는 본래 서역 악기다. 중앙아시아에서 유행하던 악기로 현을 탈 때의 소리가 맑고 곱다. 뿐만 아니라 빠르고 느리게 리듬 타기에도 좋아 이 지역 목동들에게는 잠시 휴식을 취할 때 편하게 연주하며 흥얼거리기에 좋은 악기였다. 이 악기가 중국에 소개되어 호비파胡琵琶로 불리다가 동진에서 완함이라는 인물에 의해 개량된 뒤, 완함阮咸으로 불리게 되었다. 이 완함은 후에 당비파唐琵琶로 불린 악기의 원조이다. 이와 달리 고대 한국에 수용되어 연주되던 비파에는 향비파鄕琵琶란 이름이 주어졌다.
　고구려 삼실총 벽화에는 4현 비파[완함阮咸]을 연주하는 천인이 등장한다. 천인은 한 손으로 괘를 누르고 다른 한 손으로는 현을 타면서 하늘 음악을 연주한다. 본래 신라에서 사용하던 향비파는 5

현이고, 술대로 현을 타는 방식으로 연주하는 게 일반적이었다. 하지만, 고구려 벽화에 등장하는 비파 연주자는 손의 자세로 보아 짧은 술대를 써서 연주하는지, 손으로 직접 현을 타는지 정확하게 드러나지 않는다.

비파는 여러 종류의 현악기 가운데 대중적으로 가장 선호된 악기로 벽화와 화상석 등에 자주 보인다. 시가의 제목이나 구절로도 빈번히 언급된다. 고구려 고분벽화에도 삼실총 외에 무용총, 장천長川1호분, 안악安岳3호분, 덕흥리德興里벽화분 등의 고분벽화에 반주 악기로 등장한다. 신라에서도 거문고, 가야금 외에 비파를 더해 삼현이라 하며 즐겨 연주된 악기이다.

한국의 경우, 삼국시대부터 사용되던 향비파는 울림통이 타원형이며 목이 곧다. 현이 다섯이고 괘는 열둘이다. 대나무 술대로 연주하지만, 손가락으로 현을 타기도 한다. 현대에 국악기로 쓰이는 비파의 통은 앞이 오동나무, 뒤가 밤나무다. 당비파는 목이 휘었고 현은 넷이며 괘는 열이다. 왼손으로 괘를 짚고 오른손으로 현을 탄다. 삼실총 벽화의 천인이 연주하는 비파는 목이 곧은 호비파다. 이는 당비파 계열의 것으로 중앙아시아에서 초원의 길로 고구려에 전해진 악기일 수 있다.

비파는 홀로 연주하는 때도 많았고 다른 악기와 어울려 합주하면서 춤사위를 돕는 일에도 자주 쓰였다. 무용총의 6인무 반주에는 비파가 사용되었다. 장천1호분 앞방 천장고임 제6층 동면 벽화에는 횡피리, 비파, 거문고를 연주하는 세 명의 기악천伎樂天이 등장한다. 기악천이 다루는 비파의 줄감개가 4개인 것은 이 악기가 4현 비파임을 뜻한다. 안악3호분의 1인무에는 피리, 거문고와 함께 합주 반주 악기의 하나로 비파가 쓰였다. 덕흥리벽화분에는 무덤 주인이 유주 13군 태수와 장군의 배례를 받는 장면에 비파가 보인다. 무덤 주인인 유주자사幽州刺史 진鎭의 뒤편에서 여성 악사가 이 악기를 연주하고 있는데, 줄감개가 4개이고, 목이 곧다.

전성기 중국 당의 서울 장안의 평강방과 그 인근에서는 어디에서나 비파를 연주하는 소리를 들을 수 있었다. 물론 호비파에서 유래한 당비파의 유려한 음률이었을 것이다. 고분벽화로 보아 전성기 고구려 평양 장안성의 주점이나 고급 음식점, 신라의 왕경 서라벌 월성에서도 4현 비파가 연주되었을 것이 확실하다. 백제의 금동대향로에도 비파를 연주하는 악사가 등장한다. 거문고와 함께 귀족과 백성 사이에 선호되었던 비파는 크기도 적당하고 가벼워 지니고 다니기 용이하다는 점에서도 대중성이 가장 높은 악기였음이 틀림없다.

그러나 거문고와 달리 비파는 옛 악보가 거의 전하지 않는다. 거문고는 귀족 사이 고급스러운 연주회나 왕실의 여러 행사에서도 중시되었지만, 비파는 지금의 기타처럼 대중적인 선호도가 지나치게 높아 누구나 쉽게 배우고 연주할 수 있었다. 그 때문에 오히려 악보가 별도로 채록되어 전하지 않았을 수 있다. 누구나 익히고 흥얼거릴 수 있는 오늘날의 대중적인 악기와 노래가 악보로 잘 남겨지지 않는 거나 비슷하다.

만돌린과 기타는 비파에서 파생되어 널리 퍼진 현악기로 볼 수 있다. 지금은 비파 연주를 듣기 쉽지 않아도 대신 만돌린이나 기타 연주에서 옛 향취를 일부 느끼는 것도 가능할 것이다. 때로는 편안히, 때로는 흥겹게 비파 연주에 반응하던 옛사람들을 생각하면서 말이다.

뿔나팔 부는 선인

고구려 무용총 벽화 **뿔나팔 부는 선인**

고구려 삼실총 벽화 **뿔나팔 부는 선인**

뿔나팔

뿔나팔 소리다
기다리라는 거다
나팔 소리다
나가라는 거다
소리다
돌아서라는 거다

생명을 살리고 죽이는
소리다
듣고 걷고 달리게 하는
소리다
함성 지르다 입 다물게 하는
소리다

뿔나팔은 고구려 고분벽화에 자주 등장하는 악기 가운데 하나이다. 호른, 트럼펫 등 나팔 악기의 원조라고도 할 수 있는 뿔나팔은 본래 신호용으로 자주 쓰이던 악기다. 전투가 있을 때, 뿔나팔과 북은 돌격, 후퇴 등을 알리는 효과적인 신호 도구다. 소리가 크고 멀리까지 울려 퍼질 수 있다는 점에서 많은 사람에게 의사를 전하는 데 뿔나팔만큼 좋은 도구는 없다.

고분벽화에 묘사된 뿔나팔은 여러 종류이지만, 가장 자주 보이는 건 무용총 벽화의 신선이 부는 것과 같은 긴뿔나팔이다. 삼실총 벽화의 선인이 부는 뿔나팔은 보통의 것이다. 하지만, 보통 사람에게는 이런 뿔나팔 불기도 쉽지 않다. 호흡이 길고 강한 사람도 상당 기간 훈련을 거쳐야 이런 길이의 뿔나팔을 불 수 있다. 그러니 긴뿔나팔 부는 이는 보통 사람과는 다른 수준의 폐활량을 지니고 있다고 보아야 할 것이다.

뿔나팔이 짐승의 뿔을 나팔로 쓰면서 시작된 것처럼 국악기의 하나인 나발, 라패, 나각, 나로 불리는 나팔고둥, 소라고둥 역시 큰 소라 껍데기가 관악기가 된 경우이다. 군대 행진, 불교 의례, 농악 등에 쓰이는 나각은 소라 껍데기의 꼭지 부분에 구멍을 낸 것으로 불면, 낮고 중후한 소리를 낸다.

뿔나팔의 사례와 같이 선사시대 이래 짐승의 뿔이 악기로도 사용되고, 술잔으로도 쓰인 것은 실용적인 것 이상의 의례적, 신앙적 의미도 지녔기 때문이다. 사람들은 오랜 관찰과 경험을 통해 자연에서 초식동물의 뿔은 생식 능력의 강약을 나타내는 척도라는 사실을 알았다. 소나 사슴은 가장 강력한 수컷이 발정기 암컷과 교미할 권한을 가지게 되는데, 크고 힘센 놈은 예외 없이 뿔도 컸다.

사람들이 뿔을 힘의 상징으로 삼으면서 뿔은 신당이나 제장 같은 종교적인 공간, 투구와 같은 무장 용구 장식에도 빈번히 사용되었다. 뿔잔과 뿔나팔 역시 이런 과정을 통해 등장했다고 보아야 할 것이다.

학을 타고 나는 선인

고구려 무용총 벽화 **학을 타고 나는 선인**

하늘 새

눈 흘기지 마세요
하늘 바람 잘 타고 있어요
고삐 당기지 마세요
마음 말로도 알아들어요
서두르지 마세요
큰 기운 타면 한달음이에요

고구려 무용총 벽화에는 다양한 모습과 자세의 신선들이 등장한다. 강한 기운의 흐름을 타고 하늘을 날기도 하고, 백학을 타고, 백학을 날게 하면서 하늘 이편에서 저편으로 향하는 신선의 모습도 보인다. 어떤 신선은 거문고를 타고, 어떤 신선은 평상 위에 앉아 무언가 열심히 쓰고 있다.

한 마리 학에 올라탄 것으로도 모자라 두 마리의 학을 말처럼 부리며 하늘 나는 신선은 그중 눈에 띄는 경우다. 돌에 새김을 넣으면서 표현하지 않았지만, 이 신선은 오른손에 채찍을 들고 휘두르며 학을 몬다. 번개처럼 빠르게 날지 않는다고 채찍으로 학의 등을 후려치며 하늘 이쪽에서 저쪽으로 날아가는 신선! 어딘가 좀 이상하다는 느낌이 들지 않는가? 장생불사를 이룬 신선이 자신을 돕는 동물을, 그것도 장수의 상징이기도 한 학을 어찌 그리 잔인하게 다룬단 말인가?

화가는 세련된 솜씨로 이 장면을 실감 나게 묘사했다. 하지만, 작가는 이것이 보기에도 영 자연스럽지 않고, 마땅치도 않아 신선의 오른손이 학의 등위에 머무는 것으로 처리하였다. 말의 역할을 하는 두 마리 학 가운데 앞의 것은 앞만 보며 부지런히 날갯짓한다. 뒤엣것은 채찍질 한 번 당한 게 서러운지 날면서도 고개를 돌려 주인에게 눈길을 주고 있다.

문득 이런 생각이 들었다. 신선이 되어도 성정은 바뀌지 않는가? 급하다든가, 소심하다든가, 잔인하다든가, 따뜻하다든가 하는 성격상의 특징이나 장점, 단점이 장생불사를 이루는 데에 방해가 되지는 않는가? 벽곡辟穀이니, 특별한 호흡이니 하는 수련 과정이나, 불사약不死藥의 복용 같은 수단만으로도 선계에 들 자격을 갖출 수 있는가? 생식이나, 단전호흡 같은 걸 하다 보면 저절로 마음이 여유로워지고, 순해지며 관대해지는 것 아닌가? 그렇게 하지 않아도 불사약 복용 같은 기본 조건만 갖추면 신선이 되는 것인가? 무용총의 학 타고 부리며 채찍 휘두르는 선인은 작가로 하여금 장생불사長生不死를 이루는 사람, 이른바 신선 되는 조건이라는 게 무엇인지 여러 번 묻게 했다.

하늘 기운 타고 나는 선인

고구려 무용총 벽화 **하늘 기운 타고 나는 선인**

하늘 바다

하늘이 바다인 건
생명 담은 기운 가득해서다
하늘이 출렁이는 건
생명 기운 바람 불어서다
하늘이 밝아지는 건
생명이 꽃피려 해서다
하늘이 어두워지는 건
생명이 스러질 때가 되어서다

고대 동아시아 사람들에게 하늘은 어떤 곳이었을까? 선계를 묘사한 고대와 중세 중국의 책에서 하늘은 땅 위의 허공과는 다른 그 위에 있는 또 하나의 세계이다. 지상과 같지는 않아도 반쯤 닮은 또 다른 공간이다. 물론 그곳에는 불사의 선인이 살고, 기이한 새와 짐승들이 오가고, 불사를 가능하게 하는 신비한 약초와 버섯이 자란다. 선인들은 자유롭게 날아다니고, 그게 싫은 이들은 신비한 새와 짐승들을 말처럼 부린다.

하늘이 지상 세계와 많이 다른 점 가운데 하나는 생명의 기운이 충만한 공간이라는 사실이다. 하늘의 많은 존재가 하늘 세계에 가득한 생명 기운의 힘으로 태어난다. 때로는 선인조차도 생명 기운이 휘둘릴 정도로 생동하는 기운의 힘이 강한 곳이 하늘이다. 새와 짐승들이 생명 기운의 흐름 속에 나고, 기운이 다하면 다시 생명 기운 속으로 흩어진다. 약초와 버섯도 마찬가지다. 나고 스러지는 게 다 생명 기운의 힘에 의해서다. 어떤 선인들은 이 생명 기운의 흐름을 타고 날기도 하고, 사라졌다 나타나기도 한다.

고구려 무용총 벽화에는 이런 생명 기운에 휩싸여 어디론가 날아가는 선인이 등장한다. 이런 기운 속에서 나고 있는지, 스러져 녹아 흩어지고 있는지는 확실치 않으나, 두 팔 끝이 뭉그러지듯 손이 보이지 않는 거로 보면 지금 막 생명의 기운을 받고 태어나는 것처럼 보이기도 한다. 아니면, 손부터 사라지고 있는지도 모르겠다.

고대 동아시아에는 구름 같은 기운 속에서 새 생명이 태어나는 현상, 곧 '운기화생雲氣化生'이라는 관념이 있었다. 불교에서 말하는 연화화생蓮華化生과 개념상 같다. 불교에서는 정토 생명의 모체가 연꽃이지만, 신선 신앙에서는 선계 생명을 탄생시키는 게 운기, 곧 생명의 기운이다. 흥미로운 것은 무용총 벽화 하늘의 아래쪽에서는 연화화생이 이루어지고, 위쪽에서는 운기화생으로 생명이 태어난다는 사실이다. 불교와 신선신앙이 한 공간에서 회화적으로 형용되고 있는 셈이다. 불교의 낙원인 정토처럼 보이는 공간이 실제 신선 신앙의 선계와 다름이 없다고 벽화가 말해주고 있다. 고구려에 불교가 수용되어 널리 퍼지던 시기, 고구려 사람들에게 정토와 선계는 구별되는 공간이 아니었다는 걸 벽화가 보여주고 있다고 하겠다.

당幢을 든 선인

고구려 덕흥리벽화분 벽화 **당을 든 선인**

신선 - 외로움

불사를 이뤘다며
구름과 비로 옷 삼는다는 그가
굳이
누더기 걸치고
마을길로 들어서는 건
외로워서다

늙지 않으려 옥(玉) 먹고
생명 기운으로 온몸 채운다는 그가
슬그머니
잔칫집 마당 찾아와
술상 받는 건
말 나눌 이 없어서다

고구려 덕흥리벽화분 앞방 천장은 하늘 세계의 온갖 생명과 물건으로 가득하다. 별자리 사이에는 별을 형상화한 기이한 새와 짐승들이 날개를 펴고 있거나, 걷고 있고 이들 사이로는 선인과 옥녀가 날고 있다. 선인과 옥녀는 무언가를 담은 그릇을 받쳐 들거나,

깃발 같은 것을 든 채 하늘 공간을 날아 어디론가 간다. 이런 사람이나 짐승들 사이의 빈 공간에는 구름이 무리지어 있다.

선인과 옥녀는 선계에 사는 이들이다. 선계의 거처는 벽화로 그려지지 않았지만, 선계를 묘사한 중국의 오래된 책이나 전하는 일화대로면 지상의 사람들이 사는 궁전 같은 집들일 것임이 틀림없다. 선계의 집을 초가집으로 묘사한 글은 전하지 않으니까. 그럼, 처마 선이 아름다운 기와집 아니고 어떤 집이겠는가?

고구려 무용총 벽화에는 선인이 나이 든 중년의 얼굴로 그려졌지만, 덕흥리벽화분의 하늘에 모습을 드러낸 선인은 젊은 청년이다. 옥녀 역시 젊고 아리따운 여성이다. 불사를 누리는 선인이라도 다 나이 든 이로 인식된 건 아니라는 걸 이 벽화로 알 수 있다. 적어도 덕흥리벽화분 하늘 세계의 선인과 옥녀는 한창 때의 청춘남녀인 것이다.

사실 하늘 세계에서는 선인도 하는 일이 다 나누어져 있을 테니, 젊은이도 늙은이도 있으며, 이도 저도 아닌 이도 있을 건 당연한 일이기도 하다. 젊어서 선인이 되어 선계에 들어왔으면 당연히 그때의 얼굴 그대로일 것 아니겠는가? 나이가 한참 들 때까지 불사약도 구하지 못하고 수련도 충분히 쌓지 않았다면, 선계에 들어오는 게 늦을 수밖에 없으니, 또 그런대로 감수할 수밖에 없다.

이런 젊은 선인을 보면서 작가는 이런 생각도 해보았다. 선계도 하나의 사회니, 세상과 다르지 않은 건 맡은 일 하면서 쌓이는 스트레스가 아닐까? 중국의 선인들의 등급을 나눈 표대로라면 지상의 관료제도나 비슷한 질서가 선계에도 적용될 텐데, 심부름 비슷한 일 많이 해야 하는 위치의 선인은 가끔은 하소연할 데 없는 자신의 신세를 한탄하면서 세상에 내려오는 것 아닌가? 슬그머니 잔칫집 마당 한구석에 앉아 술상 받기도 하고, 오가는 사람과 말 나누려고 마을 입구 성황당 앞 평상 비슷한 데 앉아 있기도 한 거 아닐까? 위계 높고 나이 든 선인이야 그럴 일도 없겠지만 말이다.

번幡을 든 옥녀玉女

고구려 덕흥리벽화분 벽화 **번을 든 옥녀**

옥녀

옥을 깎아 만들었다니요
사람이에요
부드러운 피부 안에서
생명이 숨 쉽니다

인형이라니요
사람이에요
입가의 미소로도
따뜻한 마음 드러냅니다

꽃 같다니요
사람이에요
여인 향 맡으려는 남정네 피해
하늘 길로만 다닙니다

옥녀는 이름 그대로 옥같이 맑고 아름다운 하늘 세계의 여인이다. 곤륜선계崑崙仙界의 주관자 서왕모西王母 곁에서 온갖 심부름을 도맡아 하는 여인들도 옥녀라 불린다. 옥황상제의 궁전에서 상제의 여러 가지 일을 보조하는 여인들도 옥녀인데 서왕모가 연다는 반도회蟠桃會를 준비하고 이 모임에 참석하려고 온 하늘 세계 곳곳의 선인들을 안내하는 일도 한다. 고구려 덕흥리벽화분에 등장하는 옥녀 가운데 하나는 오른손에 음식이 담긴 그릇을 들고 왼손으로는 번을 든 채 하늘을 난다. 하늘 세계 음식 담긴 그릇을 들고 어디론가 가고 있으니, 아마 그곳은 선인들의 모임 장소일 것이다. 그곳의 주관자가 옥녀인지는 알 수 없지만 말이다.

4세기 후반 이후 중국의 선계 관련 서적에서 옥녀는 주로 서왕모와 함께 등장한다. 뚜렷이 어떤 역할을 주관적으로 하지는 않지만, 서왕모의 시중을 드는 존재로 거의 빠짐없이 모습을 보인다. 서왕모를 수행하는 것으로 보아 옥녀 역시 불사의 능력을 갖추었을 것이다. 하긴 그렇지 않다면 하늘의 존재일 수도 없으리라.

중국의 옛 유물 가운데에는 옥으로 만든 것이 많이 보인다. 이미 신석기시대부터 등장하는 정교한 옥제품들은 옥에 대한 중국인의 관념과 관련이 깊다. 옥을 재생의 힘을 지닌 물질로 여기는 중국인의 관념은 지금도 신석기시대와 크게 다르지 않다. 종교적 믿음까지 배어든 옥에 대한 특별한 관념이 옥으로 만든 유물이 다수 현재까지 전해지게 했을 것이다.

선계를 언급한 책에는 서왕모 식사의 주된 재료가 옥이다. 선인들도 옥을 음식으로 먹고 불사의 능력을 유지한다는 글도 실려 있다. 옥녀가 맡은 일 가운데 하나도 선계의 옥을 서왕모에게 가져다 드리는 것이다. 혹 옥녀라는 이름도 이 때문에 생긴 거 아닐까?

선계仙界로 가는 선인

고구려 강서대묘 벽화 **선계로 가는 선인**

선인仙人의 산

산으로 덮인 나라에
선인의 산이 있다.
가난해
산으로 들어간 이가 있고,
부자라서
언덕으로 올라간 사람도 있다.
가난을 넘어
선인을 꿈꾸는 이도 있고
부자이면서 훌훌 털고
선인의 길을 가는 사람이 있다.

산이 가득한 땅에
선인이 모인 산이 있다.
암벽 타기로는
갈 수 없어도
빈 몸으로 새 등에 올라
한 번에 갈 수는 있다.

가난을 벗은 선인이

금은, 비단 내던진 선인과

한 자리에서 마주 보는

선인의 산에

꿈 사람 태운

난새 한 마리 또 날아든다

강서대묘 벽화의 선산과 선인, 난새를 보면 사람들이 꿈꾸는 건 예나 지금이나 다르지 않다고 생각하게 된다. 세속에서 벗어나고 싶어 하면서도 어찌지 못하고 살아가는 평범한 사람들. 출세간出世間하고서도 세상과 얽혀 살아갈 수밖에 없던 종교 성직자들. 스님도 그렇고, 신부님도 그렇고. 얽히고설킬 수밖에 없는 세간과 출세간 사이.

한국은 산의 나라다. 평지라고는 산 사이 계곡 개울 같은 강 둘레의 좁은 선상지가 다다. 대신 바닷가에는 넓은 갯벌이 있는 게 다른 나라와 다르다면 다르다고 할까. 그러니 강가에서 둘러보아도 산이 있고, 바닷가에서 육지로 눈길을 돌려도 산이 먼저 눈에 들어온다. 한국에서 산이 보이지 않는 지평선 만나기는 어디에서도 쉽지 않다.

그러니 구전동화건 민담이건 산에서 일어난 사건. 산자락에서 일어난 일이 많은 건 당연하다. 산길을 가던 선비가 만난 오두막집 여인이 변신한 구렁이였다는 이야기. 은혜 갚은 까치 이야기. 백

년 묵은 여우가 요승으로 변하여 사람을 해치려 한 이야기. 선녀와 나무꾼의 인연 등등. 오히려 산과 계곡을 배경으로 하지 않은 이야기 찾기가 어렵다. TV 예능 장수 프로 중의 하나가 세상을 등지고 산속에 들어와 사는 사람들의 이야기인 것도 한국에서는 산속이 삶의 공간으로 자연스럽게 받아들여지기 때문이다.

예부터 바닷가 사람들의 이상향은 바다 멀리 어딘가에 있는 꿈의 섬이고, 산기슭에 붙어사는 사람들의 꿈같은 삶의 공간은 산속 어딘가에 있는 이상향이다. 걱정과 근심이 없고, 억지 세금 받아챙기는 관리나 빌붙어 먹던 밭농사 수확물마저 가마니 째 가져가는, 인정머리라고는 눈곱만치도 없는 이 없는, 게다가 병도 없고 늙으면서 겪는 괴로움과 마주치지 않아도 되는 그런 공간이 있다면, 당연히 가서 살고 싶지 않겠는가.

고구려 후기 고분벽화에는 불교와 관련된 제재의 비중이 작아지고 신과 신선에 대한 표현이 많아진다. 강서대묘 벽화의 이 장면은 주제가 뚜렷하다. 세속의 사람이 신선이 되어 불사不死의 선계로 들어가는 순간을 형상화한 것이다. 어떤 과정을 거쳤건 오랜 노력 끝에 불사의 존재가 된 어떤 사람이 난새鸞를 타고 삼신산三神山으로도 불리던 이상적인 공간에 막 다다른 모습이다. 오랜 꿈이 현실이 된 것이다.

사람이 불사를 꿈꾼 역사는 길고 오래되었다. 아시아에서 유럽까지 언제, 어느 곳에 있든 늙지 않고, 영원히 살기를 꿈꾼 사람들 이야기는 여러 가지로 전한다. 천신만고 끝에 불로초不老草를 손에 넣었지만 결국 먹지 못했다든가, 불사약을 구해 먹었음에도 죽지 않고 늙기만 해 영원한 고통에서 벗어나지 못하게 되었다든가, 우연히 불사의 세계에 들어갔다 나온 뒤, 되찾아 들어가려 애썼지만 찾지 못했다든가 등등.

비록 불사의 꿈을 이루지는 못했어도 불사를 꿈꾸고, 불사를 위해 애쓰는 과정에서 부산물로 얻어진 것은 오늘날에도 유용하게 쓰인다. 금을 비롯한 여러 가지 금속, 비금속 물질을 제련하는 기술이 발전하게 된 것도 금을 포함한 갖가지 물질을 재료로 불사의 영약을 만들어내려는 노력이 쌓인 결과이다. 다양한 한약재를 비롯하여 여러 가지 화학적 성분이 조합된 물질을 만들어 사람의 건강에 유용하게 쓰이게 된 것도 불사를 꿈꾼 인간 노력의 산물이다. 말 그대로 세상에는 공짜가 없고, 진지하고 끈질긴 노력이 헛된 결과로 끝나는 것도 아니다.

지금도 신선을 꿈꾸는 이들의 뒤를 잇는 사람들 만나기는 그리 어렵지 않다. 유전자 복제를 통해 영원한 삶을 누리려는 사람도 있고, 몸 일부를 계속 바꾸어 나가면서 늙지 않고 살려는 이들도 있다. 그러나 그런 식으로 계속 살아나가기를 꿈꾸기 전에 어떤 사람으로 살지를 먼저 생각해야 하지 않을까? 사람이 동물과 다른 점도 거기에 있는 거 아닐까.

천왕 天王

고구려 천왕지신총 벽화 **천왕**

천왕

하늘 날면
왕이다
새 등에 오르면
왕이다
용에게 재갈 물리면
왕이다

구름 위로
높은 산 너머로
지평선 저편으로
눈 줄 수 있으면
왕이다

마음이 세상에 없으면
왕이다
소망이 하늘에 있으면
왕이다
가슴이 사랑으로 가득하면
왕이다

고구려 천왕지신총天王地神塚에는 한 손에 번을 든 채 난새를 타고 하늘을 나는 인물이 등장한다. 인물의 머리 위쪽에는 묵서로 '천왕天王'이라는 글이 쓰여 있다. 화면의 또 다른 공간에는 일신양두一身兩頭의 머리만 사람인 파충류가 한 마리가 서 있고, 이 짐승의 머리 쪽에 '지신地神'이라는 묵서가 있다. 이 두 묵서와 인물, 짐승으로 말미암아 벽화분의 이름이 천왕지신총이 되었다.

우리 역사에서 천왕이라는 이름은 고조선 건국신화에 처음 보인다. 환인의 아들 환웅은 하늘에서 내려온 임금이라는 뜻의 환웅천왕으로 불렸다. 환웅천왕이 터 닦은 자리, 신시神市에 아들 단군왕검이 세운 나라가 고조선이다.

부여의 왕들이 천왕으로 불렸는지는 기록에 남아 있지 않다. 이규보가 쓴 서사시 「동명왕편東明王篇」에 인용된 『구삼국사舊三國史』에 따르면 고구려 시조왕 주몽의 아버지 해모수는 오룡거五龍車를 타고 아침, 저녁으로 하늘과 땅을 오갔다고 하여 천왕랑天王郎으로 불렸다. 기록대로면 해모수는 날마다 하늘에서 세상의 인간사에 관여하며 고구려 건국의 기초를 닦았다는 이야기가 된다. 물론 이런 행위가 강의 신 하백의 딸 유화와 인연을 맺기 전인지 후인지는 알 수 없다.

그러나 고조선의 단군왕검과 달리 천왕랑 해모수의 아들 주몽은 어머니 유화의 품에서 알로 태어난 그 순간부터 온갖 고초를 겪는다. 성장 과정에는 부여의 왕자들로부터 괴로움을 당한다. 결국 주몽은 자신의 나라 세울 곳을 찾아 어머니 유화와 이별하고 부여를 떠나야만 했다. 그렇다면 해의 신이기도 한 아버지 해모수가 하늘에서 내려와 인간사에 관여하며 나라 세우기의 터 닦은 곳은 어디란 말인가? 해모수의 아들 주몽은 어찌하여 아버지가 남긴 그 무엇도 잇지 못하고 인연조차 없던 졸본부여卒本扶餘 땅의 한쪽 귀퉁이에 새로 터를 잡아 새 나라 고구려의 기초를 닦아야 했단 말인가?

고구려의 천왕지신총은 평안남도 순천에서 발견되었다. 평양에서 북쪽으로 그리 멀리 떨어져 있지 않지만, 국내성이 있던 중국 길림성 집안에서는 상당한 거리에 있다. 이런 곳에 축조된 천왕지신총은 5세기 평양문화의 영향을 받아 벽화의 제재가 선택되고 그려졌을 것이다. 전성기의 고구려, 장수왕 시대의 평양에 떠돌던 천왕 이야기, 귀족과 백성들이 믿고 있던 저들의 선조에 대해 전해 내려온 신화적 스토리텔링, 이와 관련 있는 사당, 그곳에서 치러지던 제의 등이 알게 모르게 벽화 제재의 구성에 영향을 주었을 가능성이 크다. 천왕지신총의 무덤 주인과 가문의 사람들이 알고 있던 신화전설 속의 '천왕'은 누구였을까? 오룡거五龍車나 기린麒麟이 아닌 상서로운 새를 탄 채 하늘을 나는 인물이 해의 신이자 시조왕 주몽의 아버지 해모수였을 것 같지는 않다. 큰 산의 신에게 흔히 붙는 천왕이라고 보기에는 벽화에 그려진 신적 존재의 위상이 만만치 않다. 누굴까? 천왕지신총 벽화 천왕의 정체는 무엇일까?

천문지기

고구려 통구사신총 벽화 **학을 탄 선인**

천문지기

문이 하나라도
틈타는 자 슬쩍 드는지
눈여겨본다
빗장 질렀어도
손끝 좋은 자 밀어내는지
문 앞에 선다

문 너머는 하늘이요
문 바깥은 세상이니
땅과 하늘 사이
구름 걸린 데가
밤낮 없이 눈 비비며 지킬
문지기 자리다

천문을 누가 지킬 것인가? 땅과 하늘 사이, 지상과 하늘 세계, 두 세상을 잇는 통로이자 관문을 아무나 지나지 못한다. 중국의 무릉도원武陵桃源 이야기는 이 세상과 다른 세계 사이를 잇는 굴을 말한다. 도원향, 도원경으로도 불리는 무릉도원 이야기는 도연명의 「도

화원기桃花源記」에 나온다. 서진 때 무릉에 사는 한 어부가 고기를 잡으려 배를 타고 강을 따라 노를 젓다가 떠내려 오는 복숭아 꽃잎을 보고 복숭아꽃 만발한 아름다운 계곡을 거슬러 올라가서 한 굴을 발견해 옛날 진나라 때 난리를 피해 들어온 사람들이 모여 사는 곳에 닿았다. 어부는 그곳에서 잘 대접 받고 되돌아온 다음 다시 그곳을 찾았지만 끝내 찾지 못했다. 이곳이 이상향의 대명사이기도 한 무릉도원이다.

보통 이런 종류의 이야기에서 서로 다른 두 세계 사이를 나누는 건 산속 깊은 곳에서 발견한 굴, 물길을 따라 거슬러 오르다가 찾아낸 굴이다. 그런데 중국의 한에서 위진시대의 화상석에는 두 세상의 경계에 문이 등장한다. 이른바 천문天門이다. 아마도 이 문을 지나려는 자는 저쪽 세상과 이쪽 세상 사이의 긴 중립지대, 황량하기 이를 데 없는 엄청난 크기의 무인지대를 지나왔는지도 모른다. 그런데 긴 여행을 끝낸 자가 마지막에 만나는 건 굳게 닫힌 새 세상의 문이다.

땅과 하늘, 인간계와 선계, 보통 사람의 세상과 불사를 누리는 존재의 세계, 인간 세상과 신들의 세계, 산 자의 공간과 죽은 자의 공간 사이는 이어질 수도 있고, 끊어질 수도 있는 온갖 장애물과 아스라이 이어진 길이 있다. 살아있는 평범한 인간이 건널 수 없는 깊고 넓은 강이 있을 수 있다. 물론 이 강을 건너면 다른 세상이 나온다.

깊고 넓은 망각의 강을 건너는 게 만만치 않듯이, 빼꼼이 열린

듯이 보이는 천문을 통과하기도 쉽지 않다. 망각의 레테강을 건네주며 뱃삯 받는 사공 카론이 삯 건네는 이가 산 자인지 죽은 자인지 살펴보듯이, 천문을 지나려는 자는 천문지기로부터 지날 자격이 있는 자인지를 확인받아야 한다. 학이건, 기린이건 신비한 새와 짐승을 탄 채 천문 주위를 맴도는 자에게 자격 확인을 받지 않고는 마지막 관문을 지나 하늘 세계나 불사의 세상에 들어가지 못한다. 이 얼마나 가슴 떨리는 순간인가? 학을 탄 채 긴 창을 꼬나 쥔 고구려 통구사신총의 잘생긴 선인도 이 역할을 맡은 천문지기가 아닌가 하는 생각이 든다.

달과 선인

고구려 오회분4호묘 벽화 **학을 탄 선인**

달과 선인

보름이라 항아궁 또렷하고
환한 달 속 살짝 열린 천문 보여
하늘 너머 달로
구름 지나 궁문까지
한달음에 닿으려 해도
백학 날갯짓으로는 어림없구나

보름에서 보름까지
그믐에서 그믐까지
달이 가고 해가 가도
항아궁은 아득하고
천문은 멀기만 하네

항아는 내려올 수 있어도
예羿는 닿을 수 없었다는 말
이제야 알겠구나

고구려 오회분4호묘 벽화 해와 달 곁에는 각각 두 선인이 백학과 용을 타고 나는 장면이 묘사되어 있다. 선인들은 용이나 학, 기린 같은 신비한 새와 짐승을 탈 것 삼아 해, 달, 별 어디에도 닿을 수 있다고 여겼던 당시 사람들의 관념이 여기서 잘 드러난다. 누군가는 '그러니, 선인이지!' 할지 모른다.

그러나 학을 타고 하늘로 날아오른다고 해도 달에 닿기가 그리 쉬울까? 항아姮娥가 서왕모 불사약 혼자 먹고 달로 달아난 건 남편·예羿가 뒤쫓아 올 수 없었기 때문이다. 해를 아홉 개나 떨어뜨려 신의 지위를 잃은 예일지라도 하늘 해 세발까마귀 화살로 떨어뜨린 명궁 예가 달로 달아난 항아를 어떻게 하지 못한 건 세상에선 달에 닿기가 생각만큼 쉽지 않았기 때문일 것이다. 눈으로는 닿아도 몸으로는 이르지 못하는 곳이 달 아니던가?

한국 전통 무가巫歌의 주인공 바리데기 공주가 아비 대왕, 어미 왕비 살리려고 서역 서천 먼 길 갈 때 석삼년 세 번 지나도 근처에 이르지 못한 건 그만큼 멀었기 때문 아닌가? 달에 닿기는 서역 서천 이르기보다 더하지 않겠는가? 아무리 백학 타고 날아도 하루아침 환한 보름달 근처 이르기는 어려우니 그림으로라도 그려 그 뜻을 나타내려 한 게 고구려 화가의 마음 아니던가?

오회분4호묘 벽화 달 곁 백학 탄 선인 모습 돌에 새기면서 작가는 구름 한 뭉텅이 넣는 것으로는 부족할 듯해 솜구름, 새털구름, 낱올구름 다 넣어 보았다. 닿을 듯 닿지 못하는 달까지의 길, 달 안에 있다는 항아의 궁, 궁 입구의 빼꼼이 열린 천문까지 닿기가 그리 쉽지는 않으리라 생각하면 백학과 선인 주위를 온통 구름으로 채워 넣었다. 저 구름 기운 타며 날갯짓하다 보면 혹 언젠가는 달 끝에 닿지 않을까 해서다.

요고腰鼓 연주하는 선인

고구려 오회분4호묘 벽화 **요고 연주하는 선인**

장고

요란스레 두드리면

정신 사납다 투덜거리고

쉬엄쉬엄 손바닥 대면

졸린다고 투정이라

하늘에서 두드리건

땅에서 손바닥 대건

듣는 이 마음 어지러우면

소란스런 빗소리고

나른한 체 귀 열면

졸음 부르는 자장가인데,

괜스레 장고 치는 이에게

입 비쭉이고 눈 흘기는구나!

고구려 오회분4호묘에는 금빛자락 천의를 몸에 두르고 목에 건 장고 두드리는 선인이 모습을 보인다. 하늘 세계의 이 인물은 자못 장고 두드리는 데에 익숙한 몸짓이다. 고구려 화가는 평면상의 인물화 하나로 보는 이가 하늘 세계 선인의 흥겨운 장고 연주를 귀에 듣는 듯이 느끼게 하였다.

장고는 본래 서역 악기다. 요고腰鼓로도 불리는 장고는 허리가 잘록한 악기에 끈을 달아 몸에 걸고 작은 북면을 손바닥으로 두드리거나, 한 자 남짓한 작은 북대를 손끝에 잡고 가볍게 두드리는 방식으로 연주한다. 가볍게 몸을 움직이면서 연주할 수 있는 이 악기는 북면이 양쪽 끝에 있고, 연주 가능한 면도 좁다. 소리도 가볍고 경쾌하다.

장고는 몸에 걸고 다닐 수 있다는 점에서 세우거나 고정 걸이에 건 상태로 연주하는 건고建鼓, 금고金鼓와 다르다. 건고도 금고도 두드리는 면이 넓고 소리는 웅장하며 떨림이 깊다. 그런 까닭에 이런 커다란 타악기는 신호용으로 자주 사용되었다. 군대의 행진, 전투에 쓰였고, 크고 작은 성안에서 이루어지는 시간 알림용으로도 쓰였다. 성문을 여닫는 시간, 군대의 행진과 정지 등은 약속된 신호에 맞춘 북 울림으로 뜻이 전달되었고, 평범한 사람들도 북소리를 듣고 무슨 일이 일어났는지, 일어날 것인지를 알았다.

그러나 요고, 장고는 온전히 음악을 연주하는 데에 쓰이는 악기다. 기쁘고 즐겁고 약간의 흥분을 느끼는 그런 순간을 위해 연주되는 악기였다. 온갖 명목의 잔치 자리에는 장고 연주가 동반되었다. 오랜 기간 서역으로 불리던 중앙아시아 일대에서도 결혼이라든가, 환영연 같은 자리에서는 장고와 비파가 연주되었다. 고구려도 중앙아시아나 북방 유목사회와 접촉하면서 장고라는 악기를 받아들이고, 연주법도 배웠을 것이다. 어느 사이엔가 그것이 고구려 고유의 악기 가운데 하나처럼 고구려 사람들의 삶에 녹아들었고, 벽화로도 묘사된 것이다. 오회분4호묘 벽화에 등장하는 장고 연주 장면이 너무나 자연스러운 것도 이 때문이 아니겠는가?

단약丹藥 사발을 든 선인

고구려 오회분4호묘 벽화 **단약 사발을 든 선인**

단약

붉은 빛이다
수은이 많아서다
검은 빛 그릇이다
고급 칠기라 그렇다

금 넣고
운모 넣고
단사 넣었으니
비싸고 귀한 거 다 모았다.

끓이고 조려 만든
귀한 약 한 사발씩
마시다 말고
다 쓰러져
선계로 갔으니

기장밥 한 그릇에
감사 넘치고
밥풀 섞인 농주로도

감지덕지

신선은 꿈에도 생각 않던 이들

저들 소식 듣고

모두 혀 찬다

기를 쓰고

일찍 가는구나!

가난하건 부자건, 왕이건 평민이건 다 오래 살기 원한다. 아마 강아지도 망아지도, 고양이와 닭, 돼지도 오래 건강하게 잘 살기 바라는지도 모른다. 재수 좋았던 닭과 강아지는 실제 불사약 찌꺼기 먹고 신선 되어 하늘로 올라갔다는 이야기도 전하니까 말이다.

단약丹藥은 불사약의 대명사다. 단사에 온갖 금속과 중금속, 약재가 더해져 만들어지는 불사약은 때깔이 붉고 곱다. 고구려 벽화에 묘사된 단약은 검은 칠기사발에 흘러넘치도록 담긴 붉은 액체 모습이다. 금빛 천의를 입은 오회분4호묘 벽화의 선인은 이런 단약 사발을 들고 하늘을 날고 있다. 불사약을 바라보는 눈빛에는 제대로 만든 좋은 약이라는 뜻이 담뿍 담겨 있다.

중국 동진의 갈홍葛洪이 쓴 『포박자抱朴子』에는 연단술練丹術에 대한 비교적 상세한 기록이 있다. 연단술은 불로장생의 단약을 만드는 비법으로 단丹을 만드는 데 가장 주요한 재료로 사용된 게 수은이다. 시신을 수은으로 처리하면 잘 썩지 않는다는 사실에서 유추

된 수은과 불로장생의 깊은 관련은 신선 신앙에 마음 빼앗긴 사람들이 수은이 주요 성분인 단사를 다루는 기술을 습득하는 데에 온 신경을 쏟게 만들었다. 도교 외단술外丹術 계열의 금사파金砂派는 황금과 단사를 단약의 주성분으로 삼는 이들이다.

금, 단사, 운모 등을 넣고 만든 단약은 위진魏晉 이래 불로장생을 원하는 왕공귀족들이 지금의 건강제처럼 왕궁과 저택에 두고 수시로 복용하는 약재였다. 물론 이런 약재의 수은 성분이 몸에 쌓인 이는 중금속 중독으로 일찍 죽었다. 위진, 수당 시기 중국의 황제 가운데에는 이런 중금속 중독으로 죽은 이가 적지 않다. 흥미로운 건 금이건, 단사건 보통 사람은 손에 넣기가 힘든 이런 중금속 재료가 지닌 가치 덕에 평범한 백성은 단약 구경조차 어려웠다는 사실이다. 그러니 귀한 재료로 만든 단약 근처에도 못 간 작은 마을의 백성들이 수은과 같은 중금속 중독으로 죽는 일은 없었던 것이다.

소머리 새

고구려 삼실총 벽화 **소머리 새**

송아지 새

엄마, 새 되고 싶어
날고 싶어
엄마, 날개 달리면
높이 날아 멀리 갈 거야

송아지 새 머리 무거워
날지 못하고
송아지 새 굵은 다리로
서 있어야 하네

해모수 내려 보다
하늘로 올리고
유화 가만히 손 내밀어
구름 위에 두니
송아지 새 꿈대로
하늘 식구 되었네

고구려 삼실총 벽화에는 소머리 새가 등장한다. 황소처럼 두 뿔이 머리 위로 솟은 소머리를 한 채 둥글고 큰 눈으로 둘레를 본다. 이 새는 길게 빠지며 꼬인 꼬리 끝이 연봉오리 모양이다. 그리 넓지도 길지도 않은 두 나래 활짝 폈지만, 커다란 소머리가 부담이 된 듯 날아오르지 않은 상태다. 아마 이런 소머리 새가 실제 있다고 해도 날아오르기가 쉽지는 않을 것이다. 머리가 무거워 하늘에서 몸을 가누기 쉽지 않을 테니까 말이다.

중국 한나라 때 많이 만들어진 화상석 가운데 섬북陝北이나 산서山西의 것 가운데 날개 달린 소머리 사람이 등장한다. 하지만, 소머리 새는 찾아보기 어렵다. 사람 머리의 새는 혹 찾을 수 있어도 소머리 새는 확인되지 않는다. 현재까지의 발견 사례로는 소머리 새를 고구려 화가의 창안으로 보아도 크게 틀리지 않는다.

삼실총 벽화에는 긴 창을 세우고 있는 소머리 사람도 등장하는데, 작가는 이 하이브리드 사람을 전신戰神으로 보고 있다. 소머리 사람인 신농의 다른 이미지 가운데 전쟁신 염제炎帝로서의 이미지도 있어 추정해본 것이다. 안타깝게도 이들 이형의 짐승이나 새, 사람의 이미지 곁에 정체를 알게 하는 묵서는 쓰여 있지 않다. 덕흥리벽화분 벽화의 사례처럼 묵서가 그 곁에 써 있다면 더 좋았겠지만, 그렇지는 않다.

소는 사람과 가장 친숙한 가축이다. 민족과 사회에 따라 신앙의 대상으로 상정되어 숭배 받는 사례도 적지 않다. 견우직녀 설화의 주인공 가운데 하나인 소 끄는 사람 견우도 본래의 정체는 그가 끄는 소 자신이다. 자신의 별자리도 가지고 있는 견우처럼 소 자신이거나, 소머리의 사람인 신이 세계 여러 곳에서 신앙 대상으로서의 위상을 자랑하듯이 고구려에도 그런 존재가 있었음은 농신인 소머리 사람 신, 신농이 벽화로 남아 있는 데에서도 알 수 있다. 아마 이 소머리 새는 그런 신들에 대한 신앙이 정립되기 전에 앞으로 있을 일을 미리 알려주기 위해 온 하늘 신의 사자인지도 모른다.

짐승머리 새

고구려 천왕지신총 벽화 **짐승머리 새**

노루 새

나래 크게 펴고
큰 강 건너
구름 가린 흰 산으로
나래 활짝 펴고
깊은 계곡 지나
아득히 솟은 절벽 너머로

노루였을 때
가만히 쳐다만 보고
가보기를 꿈만 꾸던
거기
새 되어 높이 날며
한눈에 세상 담는다

고구려 천왕지신총 벽화에 등장하는 이 짐승 머리의 새 이름이 무엇인지는 지금 알 길이 없다. 벽화에 천왕, 지신, 천추 등의 이름은 해당 사람이나 새, 짐승 머리 근처에 묵서로 쓰여 있지만, 이 새의 경우는 그렇지 않다.

천왕지신총보다 이른 시기에 제작된 덕흥리벽화분 하늘의 이형 짐승과 새들 가운데에도 이런 짐승 머리의 새가 여럿 나온다. 유사한 것들의 머리 근처에는 부귀富貴, 길리吉利 같은 이름이 묵서로 쓰여 있다. 혹 천왕지신총 짐승 머리의 새에 투사된 관념도 이런 부귀나 길리 같은 사람들의 일상적인 소망이 아닐까 싶다. 제액초복除厄招服은 어느 시대 어떤 민족도 일상 속에서 누리며 살고 싶던 상태였으니까.

작가는 '노루 새'라는 제목으로 이 짐승 머리의 새를 노래하고 있지만, 실제 이 새의 머리가 어떤 짐승인지는 알 수 없다. 번쩍이는 눈이나, 털이 뒤로 날리는 귀를 보통의 짐승에서는 보기 어려우니 말이다. 작가가 길짐승의 마음, 소망 같은 걸 노래하면서 머리에 떠올린 게 노루였으니, 제목이 노루 새가 된 것뿐이다.

작가는 새는 새, 노루와 같은 길짐승은 길짐승대로 속에 사람의 마음과 비슷한 게 있다면 아마도 각각 제가 가지지 못한 기능을 아쉬워하면서 상대를 부러운 눈으로 보는 때도 있을 거라고 여겼을 가능성이 크다. 실제 사람의 마음에는 그런 게 있어 하이브리드 새와 짐승을 만들거나 그리고, 또는 새겼다는 게 사람들 사이에 공유되는 일반적인 생각이다. 사람보다 빠르고, 잘 듣고 냄새도 잘 맡으며, 날카로운 송곳니와 발톱도 있고 힘도 센 그런 짐승들을 보면서 느끼는 아쉬움이나 열패감에서 등장한 게 온갖 하이브리드 짐승과 새였다. 그런 생명체들이 신으로도 숭배되었을 가능성이 크다는 생각에는 작가도 동의한다.

성성이

고구려 덕흥리벽화분 벽화 **성성이**

성성이

아스라한 기억이다
하늘 높이 몸 누이고
세상 비추던
그때

옛날이야기라고 했다
엎드려 빌던 사람들에게
마음으로 말 건네던
그 시절

이제는 조심해야 한다
늙은이, 젊은이 숨어 기다리는
거기
잘 살펴보아야 한다
약으로 쓸 사냥감에 목 길게 뺀
그들

고구려 덕흥리벽화분 하늘의 은하수 앞에는 성성이라는 사람 머리의 짐승이 묘사되어 있다. 한 해 만의 만남을 뒤로 하고 은하수를 사이에 두고 각기 자신의 자리에 돌아가 있는 견우, 직녀와 성성이 사이가 가까워 이들과 사람 머리 짐승이 마치 한 이야기를 이루는 듯 보인다. 하지만, 어떤 책에서도 이런 글은 보이지 않는다. 넓지 않은 덕흥리벽화분의 하늘 안에 온갖 이형 새와 짐승, 별자리를 배치하다 보니 견우, 직녀, 은하수와 성성이 사이가 가까워졌는지 모르겠다.

중국의 오래된 지리서 『산해경山海經』에 언급된 성성이는 기이한 새와 짐승을 대표적인 존재로 따라붙은 일화도 제법 흥미롭다. 많이 알려진 이야기지만, 간단히 정리하면 아래와 같다. 안타깝게도 성성이가 신령한 존재로서가 아니라 신비한 영약으로 인식된 이후 스토리텔링 되어 후세에 전하는 이야기다.

영약靈藥인 성성이를 잡는 방법은 간단하다. 이 짐승이 잘 다니는 길목에 술 한 동이, 양쪽이 묶인 짚신 두어 짝 정도를 덫 삼아 두기만 하면 된다. 그러면 성성이가 이 길을 지나다 술과 짚신을 보고는 '이런 고약한 아무개 놈 같으니, 날 잡으려고 이따위 짓을 하다니. 네 할배, 증조 할배, 고조 할배, 아무개, 아무개를 다 나쁜 놈 만드는 거지. 나쁜 놈 이 아무개야.'하며 고래고래 소리 지르고는 제 갈 길 간다. 그러다 오래지 않아 다른 친구들까지 데리고 덫 앞으로 와서 술 마시고, 짚신을 신어보면서 욕하다가 희희낙락 다시 마시기를 거듭한다. 성성이들은 취하면 사람들이 모습을 드러내도 묶인 짚신 신은 채 어기적거리기만 할 뿐 달아나지 못해 잡히고 만다.

　여기서 중요한 건 성성이가 사람 말을 한다는 것이다. 사람 머리의 짐승이니 말할 줄 알뿐 아니라 상당한 수준의 지식과 판단력도 있는 셈이다. 그렇지 않고 어떻게 덫을 놓은 사람의 3대, 4대 선조까지 알 수 있겠는가? 말이 짐승이지 신령한 존재인 것이다. 결코 사람의 어떤 기능을 향상시키려고 달여 먹을 생약재가 아니다. 일화 속에 성성이는 신앙의 대상인 신비한 생명체의 정체가 어설프게 숨겨져 있다.

토끼머리 새

고구려 강서대묘 벽화 **토끼머리 새**

토끼 새

순식간에 뛰어 달아나니
잘못 본 줄 알았단다
이리저리 방향 바꾸며 달렸더니
번개 치는 것 같았단다
감쪽같이 바위 아래 숨으니
허깨비 본 듯했단다

이제 날개 달았으니
그저 한 번이면 된다
훨훨 날아
하늘 산 하늘 연꽃 사이
둥지 틀고
조용히 엎드리면
달아나고 숨던 세상살이
기억나지도 않으리라

토끼 머리의 새는 강서대묘江西大墓 벽화에 보인다. 하늘 세계의 기이한 새와 짐승들 가운데 하나로 등장한다. 세련된 솜씨로 묘사된 이 새는 새를 탄 선인들이 향하는 선계의 생명체들 가운데 하나다. 작가는 나래를 활짝 편 채 날렵한 몸짓으로 앞으로 뛰어 날아오르려는 듯한 토끼 머리의 새 아래에 구름과 산들을 새겨 넣어 마치 하늘 높이 아득한 곳에서 이 새가 움직이는 듯이 느껴지게 했다.

겁 많고 약한 토끼지만, 옛이야기나 동화에서 토끼는 똑똑하고 꾀 많은 짐승이다. 빠르고 힘세어 모든 짐승 위에 군림하는 호랑이도 토끼 앞에서는 우둔하고 멍청하며 덩치 큰 희생물 이상도 이하도 아니다. 토끼는 틈만 나면 호랑이를 곤경에 빠트리고, 심지어 꾀돌이 여우조차도 제 꾀에 제가 넘어가게 만든다. 별주부 자라의 등에 업혀 용궁에 갔던 토끼가 무사히 뭍으로 돌아올 수 있었던 것도 임기응변에 능한 토끼의 능력 덕이다.

그러나 현실 세계에서 토끼는 하늘 높은 곳을 맴돌며 지상의 온갖 생명을 내려다보는 맹금류, 매나 독수리의 가장 손쉬운 먹잇감 가운데 하나다. 영리한 여우에겐 토끼가 쉬운 먹잇감 가운데 하나다. 많은 육식 짐승들이 토끼를 식사 거리로 삼는다.

그런 토끼에게 가장 큰 소원이 있다면, 날카로운 발톱과 송곳니를 자랑하는 육식 짐승에 대항할 능력을 갖추는 일일 것이다. 혹 날개를 지니게 된다면 쉽게 달아나 나뭇가지 사이에 숨을 수도 있고, 순식간에 창공 높은 곳으로 올라가 구름 사이에 모습을 감출 수도 있지 않겠는가? 굳이 벌벌 떨며 풀 먹다가 굴로 재빨리 달아나는 일을 무한 반복하지는 않아도 될 것 아닌가? 강서대묘 벽화 토끼 머리의 새는 토끼의 그런 소망을 현실화시킨 사례 가운데 하나가 아닐까 싶다.

사람머리 짐승

고구려 안악1호분 벽화 **사람머리 짐승**

사람 머리 짐승

듣고 말하는 거

어찌 알았수

기억하고 되새기는 거

어찌 알았수

슬픈 소식 가슴 깊이 담고

기쁜 일 펴 나르는 거

어찌 알았수

신이었다 짐승 된 거

어찌 알았수

소원 듣다 약 된 거

어찌 알았수

불사不死였다 이슬 된 거

어찌 알았수

고구려 안악1호분 벽화에는 사람 머리 짐승이 그려졌다. 꼬리로 보아 사슴의 일종인 몸에 사람 머리가 달린 이 짐승은 얼굴이 온전하지 않아 작가가 추가로 눈과 코, 입을 새겨 사람 머리라는 게 뚜렷이 드러나게 했다. 앞을 향해 걷지만, 고개를 숙여 아래를 내려다보는 듯한 이 짐승 역시 하늘 세계의 생명체다. 무덤 칸 천장고임의 같은 높이에는 날개 달린 천마天馬니 비어飛魚 등이 묘사되었다.

사람 머리 짐승의 역사는 오래다. 이런 하이브리드 생명체 가운데 가장 오랜 형상 가운데에는 짐승 머리의 사람이 여럿 있다. 고대 이집트에서 짐승 머리의 사람들이 신으로 믿어지고 제의의 대상이었고, 훨씬 이전인 선사시대에도 짐승 머리의 사람이 만들어지고 모셔졌다. 후기 구석기시대의 작품인 사자 인간도 그런 신앙 가운데 하나였다.

사람 머리의 짐승은 이런 신앙 대상에는 속하지 않았던 듯하다. 기이한 모습의 생명체이기는 하지만, 신들보다는 하위의 정령에 가까운 존재였던 것으로 보인다. 물론 그럼에도 특별한 능력은 지닌 불사의 존재였을 가능성이 크다.『산해경』에 언급된 성성이처럼 안악1호분의 사람 머리 짐승도 생각하고 말했을 것이다. 보통 사람과의 의사소통도 가능했던 존재였음이 확실하다.

신계神界의 존재였던 성성이가 사람의 사냥 대상이 된 것처럼 사람 머리의 짐승이나 새들이 언젠가부터 신화적 존재로 인식되지 않게 되었다. 이들은 점차 사람들의 뇌리에서도 잊히거나 두렵고 악한 생명체로 인식되기 시작했다. 합리적 사고를 추구하던 역사시대가 열리면서 신화적 존재가 머물 자리가 더는 남아 있지 않게 된 것이다.

안악1호분 벽화에 사람 머리의 짐승이나 날개 달린 말이 그려질

즘 동아시아 문화의 중심인 중국에서는 신화적 생명체들이 묘사되는 사례가 극히 드물어졌다. 신화적 사유의 입지가 극히 좁아졌고, 신화적 스토리텔링의 자리는 도교, 불교적 관념 세계의 차지가 되었다. 이즈음 고구려에도 불교와 도교 관념이 전해지고는 있었지만, 고구려 사람들에게 해모수와 유화의 아들 주몽의 건국신화를 뿌리로 하는 신화적 사고가 여전히 현실이었을 가능성이 크다. 안악1호분 벽화의 사람 머리 짐승은 고구려와 중국 사람들의 일부에 여전히 유효했던 신화적 사고의 회화적 표현 가운데 한 사례로 받아들여도 될 듯하다.

지축 地軸

고구려 덕흥리벽화분 벽화 **지축**

지축

둘이 한 몸이라
어디든 갈 수 있지만
가만히 한자리에 있다
둘이 하나라도
가고 싶은데 달라
한자리에 조용히 있다

하나인 둘이라도
한자리 오래 머물면
미륵처럼 장승처럼
뿌리 깊이 내리면
둘이 하나 되어
세상 기둥 된다

고구려 덕흥리벽화분 하늘에 묘사된 지축은 천왕지신총에 그려진 지신과 같은 존재다. '지축일신양두地軸一身兩頭'라는 묵서를 통해서도 알 수 있듯이 한 몸에 음양을 상징하는 남녀의 머리가 다 달려 있다. 음양이 분리되어 있지 않다는 점에서 한 몸에 우주의 음양

질서를 온전히 운행할 수 있는 능력을 갖춘 완벽한 존재라고 할 수 있다. 이런 점에서는 음양의 기운을 조화시켜 운행할 수 있는 상태로 묘사된 우주 북방의 방위신 현무와 같다. 거북과 뱀이 합체를 이룬 상태인 현무玄武는 지축, 지신의 후대의 모습과 가깝다고 해야 할 것이다.

음양오행론陰陽五行論은 고대 이래 동아시아에서 가장 완벽하게 작동하는 우주운행론이다. 우주 만물의 질서와 운행 방식을 설명하는 데에 가장 적합한 이론체계로 평가받는 음양오행론 가운데 바탕을 이루는 개념은 음양설이다. 존재하는 모든 것은 각각 음과 양의 기운을 지니고 있고, 각각의 음적, 양적 존재 역시 그 안에서 음양의 조화를 이룬 상태로 존재하고 작동한다는 게 음양설이다. 그런 점에서 지축의 일신양두一身兩頭 형상은 음양설을 가장 잘 보여주고 설명하는 좋은 사례라고 할 수 있다.

덕흥리벽화분 하늘의 지축 역시 얼굴 부분은 온전치 않다. 작가는 이 생명체의 얼굴을 각각 남녀의 특징 잘 드러나게 세부를 새겨 드러나게 함으로써 지축의 형상에 생명력을 부여하려 했다. 하늘 별자리 사이의 이 지축은 이름 그대로 땅과 하늘이 제 형상을 유지하고 기능하게 하는 데에 없어서는 안 될 존재다. 사람과 온갖 짐승으로 치면 척추에 해당하는 게 지축이니까.

부귀 富貴

고구려 덕흥리벽화분 벽화 **부귀**

부귀

살면서 부귀 누리면
신선경神仙境에 사는 거다
부귀에 장수 더하면
부처님 나라다
먹고 마심 다함 없고
위아래 비단옷이면
왕후장상 부럽지 않다

남은 건
땅에서 누리던 거
하늘로 가져가는 거다

사람이 살면서 이루고 누리고자 하는 것 가운데 하나가 부귀다. 바라던 부귀를 누리게 된 사람이 이어서 소원하는 게 장수일 것이다. 그러나 부귀는 아무에게나 주어지는 게 아니다. 왕후장상의 자리에 오르는 게 모두에게 허용되지 않듯이 부귀 또한 누구나 누릴 수 있는 게 아니었다. 신분제 사회인 전근대에는 부귀도 대대로 이어지는 경향이 있었으므로 평범한 백성은 입에 풀칠이나 온전히 할 수 있다면 그 이상 바랄 수도 없었을 것이다. 더구나 왕후장상이라도 온갖 이유로 몰락하는 사례도 적지 않았다. 그러니 부귀도 수명처럼 하늘이 내리고 누리도록 허용해야만 가능하다는 게 당시 사람들이 자연스럽게 받아들일 수밖에 없는 일종의 운명 같은 게 아니었을까 싶다.

고구려 덕흥리벽화분의 하늘에는 부귀와 길리吉利라는 짐승 머리의 새가 등장한다. 묵서로 드러난 이런 새들이 부귀, 길리라는 이름을 지니고 있는 건, 땅 위 사람들의 소망이 하늘의 별에 투사된 결과라고 할 수 있다. 이들 짐승 머리의 새들은 별자리가 형상화된 결과이기도 하니까, 새의 모습으로 그려졌을지라도 그 정체는 별자리이다. 덕흥리벽화분에 벽화가 그려지던 408년 당시 고구려 화가와 벽화를 주문한 무덤 주인 진鎭과 일족의 관념 속에는 부귀라는 별자리, 길리라는 별자리가 있었던 셈이다.

진의 묵서 묘지명에도 언급되어 있듯이 죽은 무덤 주인과 남은 일족의 소망 중 하나는 죽은 이를 연월일시年月日時에 맞추어 좋은 자리에 장사지냈으니, 그로 말미암은 효력이 후손에 미쳐 다들 왕후장상의 지위를 누리며 부귀가 자손 대대로 이어졌으면 했고, 실제 그럴 것이라고 믿었다는 사실이다. 부귀라는 별자리가 정해지고, 짐승 머리의 새로 별자리를 형상화 한 사람들의 믿음과 소망이 그대로 이루어졌을까? 그런지는 지금 알 수 없으나, 벽화를 주문하고 그린 이의 소망과 믿음이 1,600여 년이 흐른 뒤 이 땅의 후손들에게도 알려졌으니, 그런 소망과 믿음은 지금도 여전히 생명력을 지닌 상태인 건 확실하다.

비어 飛魚

고구려 덕흥리벽화분 벽화 **비어**

비어

강이
하늘에 닿는다고 했다
강물이
하늘 물과 같다고 했다
그냥 믿고
거슬러 오르고
또 올랐더니
별이 되었다

강과 하늘 사이에
턱이 없다고 했다
하늘과 강은
하나라고 했다
어느 날
날개 솟은 줄 모르고
힘차게
몸 흔들었더니
하늘 물고기 되었다

하늘을 나는 물고기, 몸에 날개가 달린 물고기. 고구려 덕흥리 벽화분과 안악1호분에는 날개 달린 물고기가 그려졌다. 덕흥리벽화분 하늘의 날개 달린 물고기 곁에는 비어飛魚라는 묵서가 남아 있다. 비어로 상정된 별자리도 물고기 곁에 그려졌다.

고대 중국의 지리서 『산해경』에는 비어가 여러 차례 각기 다른 이름으로 나온다. 글의 서두에 붙은 그림에 날개 달린 물고기가 그려졌으니, 이름은 달라도 비어인 것은 확실하다. 물론 서로 이름이 다르듯이 잡아서 달여 먹으면 얻는 효능도 다르다.

바다에는 날치라는 물고기가 산다. 앞 지느러미가 날개처럼 길어져 바다 위로 뛰어오르며 그걸 펼치면 길게 활공하듯 날아간다. 떼를 이루어 다니는 이 날치라는 물고기가 바다 위로 날아오를 때는 사냥꾼 물고기에게 쫓겨 죽기 살기로 달아나야 할 때다. 말 그대로 물 위로라도 날아 멀리 달아나고 싶을 때 앞 지느러미를 날개처럼 펴고 활공한다. 물론 그렇게 해도 사냥꾼에게서 달아나지 못할 때가 많다.

날개 달린 물고기 비어는 계절이 바뀌면 물속의 용이 봉황이 되어 하늘로 날아오른다는 용봉전변설龍鳳轉變說이 혹 영향을 끼친 게 아닌가 싶기도 하다. 중국의 옛 기록에 용은 물속에서 지내다가 때가 되면 봉황이 되어 하늘로 날아오르며, 다시 때가 이르면 물속의 용으로 돌아가는데, 이로써 계절의 변화, 사시四時의 순환을 알 수 있다는 기사가 있다. 생명체로서 용과 봉은 같다는 것이다.

동서를 막론하고 바다에 가득한 물처럼 하늘도 물로 가득한 공간이라는 관념이 있어서 용이 봉이 되고, 봉이 용이 되는 게 어려운 일은 아니다. 각기 사는 물이 다를 뿐이다. 마음먹기 따라서는 하늘의 물이나 땅의 물이나 거기서 거기다. 산의 개울물이든, 넓은 바닷물이든 지상의 물속 생물이던 비어가 하늘의 별자리가 되어 하늘 물속을 헤엄치다 날기도 하는 게 고대의 신화적 사고 속에는 이상한 것이 아니다.

천마 天馬

고구려 덕흥리벽화분 벽화 **천마**

천마

하늘로 오르기 전
호수 곁 풀잎 푸릇거릴 때
난
네게 고개 돌리며
언제 떠날지 물었다

하늘에 붙박이기 전
밤 지나고 이슬 맺힐 때
난
네게 눈 주며
어디로 갈지 물었다

등에 날개 돋고
하늘 문 열릴 때
난
숲과 초원, 호수와 골짝 떠나
언제든 너와 마음 닿는
별이 되었다

고구려 안악1호분 벽화의 천마天馬는 등에 날개가 달렸지만, 덕흥리벽화분의 천마는 빠르게 앞으로 달려가는 보통의 말 모습이다. 등에 날개가 없는 데도 하늘 초원, 끝 간 데 없는 길을 언제나 그래왔다는 듯한 표정으로 거침없이 달려 나간다. 둘레에는 구름이 흐르고 듬성듬성 별이 떠 있는데도 아랑곳하지 않고 달려간다.

농경 제국이든, 유목 제국이든, 고대와 중세 제국의 통치자들에게 천마는 소망이자 희망이었다. 하루에 천 리를 달릴 수 있다는 천마는 기동력으로 군사적 우위를 선점하려는 전장의 장수들에게는 매력적인, 최고의 전쟁도구였다. 천마는 현대전의 공군 전투기나 마찬가지 효력을 발휘할 수 있는 존재였다.

이란을 비롯한 서아시아와 동지중해 연안에서 천마는 페가서스Pegasus였다. 고대와 중세 이란 왕조들의 일관된 걱정거리는 북방 초원 유목 세계의 침입자들이었다. 이들과의 갈등을 얼마나 잘 조절하는가가 왕조의 안녕과 직결되어 있었으니 당연한 일이었다. 파르티아도, 사산조 페르시아도 강력한 기동부대를 유지하며 유목 세계와의 충돌에 대비했다. 그러니 천마로 불릴 수 있는 빠르고 근력 좋은 말을 얼마나 확보하고 있느냐가 초미의 관심사일 수밖에 없었다.

중국 한나라와 북방 흉노의 충돌 과정에서 농경 제국인 한나라가 유목제국 흉노와의 갈등과 충돌에 대한 대비책으로 떠올린 것도 전마戰馬로서의 천마를 확보하는 일이었다. 장건張騫의 서역 개척, 실크로드 개통은 이런 필요를 채우는 과정에서 얻은 부산물에 불과했다. 장건은 30년 가까운 세월 한나라와 서역 사이를 오가면서 동서 간의 새로운 교통로, 교역로를 열었다. 이 길이 이후 1,500년 동안 동서 교역의 간선도로 역할을 한 실크로드다.

동북아시아의 삼국시대를 주도했던 고구려도 천마를 염두에 둔 교역을 시도했고, 실제 좋은 말을 전마로 길러 기마부대 편성에 활용했다. 이런 사실은 시조왕 주몽의 성장기 기사를 통해서도 쉽게 알 수 있다. 청소년기 주몽의 직업이 부여 왕궁 직할 목장의 목동이었고, 이 과정에서 어머니 유화의 도움을 받아 얻은 말이 천마였다. 주몽은 보통 말보다 몇 배 높이 뛰어오를 수 있는 날래고 힘센 말을 타고 남방으로 내려가 새 나라를 세웠다.

덕흥리벽화분의 천마는 천마를 골라내고 길러 타고 다니다 마지막에는 하늘로 올라가 해의 신이 된 시조왕 주몽 이야기를 떠올리게 하는 말이다. 등에 날개가 달리지 않아도 하늘길을 달리는 데에 아무 지장이 없던 고구려의 천마다. 덕흥리벽화분의 무덤 주인 진도 광개토대왕을 섬기며 전장을 누빌 때 벽화의 천마 같은 말을 탔던 듯하다.

천록 天鹿

고구려 삼실총 벽화 **천록**

천록

하늘 향해 울부짖었다
산 채로 거꾸로 달렸다고
소리 질렀다

하늘이 사람 내려와
제발 그만 좀
어쩌고저쩌고하기에
밤낮없이 통곡했다

구름 내려와
발굽 아래 드리우더니
이제
하늘 사슴 되었다고 했다

고구려 무용총舞踊塚 사냥도에 가장 크게 그려진 짐승은 한 쌍의 자색 사슴이다. 기를 쓰고 달아나는 이 사슴 한 쌍에 화살을 겨누는 사람은 절풍折風이라는 고구려 고유의 모자에 새 깃 한 뭉텅이 꽂은 기마 사냥꾼이다. 절풍에 새 깃을 얼마나 꽂느냐로 상하 위계를 가리던 고구려에서 그림에서처럼 새 깃으로 가득한 절풍을 머리에 썼다면 이 인물은 무덤 주인이 틀림없다.

화면 가운데 있는 호랑이가 아니라 위쪽의 사슴이 크게 그려지고, 이 사슴을 사냥하는 인물이 무덤 주인으로 보이는 가장 신분이 높은 기마 사냥꾼인 까닭은 무엇일까? 벽화로 그려진 사냥 장면에서 가장 중요한 일이 자색 사슴을 잡는 일이어서일 것이다. 무덤 주인이 잡은 이 사슴 한 쌍이 하늘에 올리는 제사의 희생제물이기 때문일 것이다.

오랜 옛날부터 사슴은 하늘에 제사를 지낼 때 쓰는 희생제물 가운데 가장 중요시되었다. 사슴 자신이 하늘과 땅 사이를 오르내리는 전령의 역할을 한다고 믿어진 동물이고, 사슴의 큰 뿔은 그런 사슴의 위상을 보여주는 상징물로 여겨졌다. 북아시아 고아시아족 샤먼이 사슴뿔로 장식한 모자를 쓰고 제의를 주관한 것도 이 때문이다.

활쏘기 내기에서도 지고, 사람 모으고 이끄는 능력에서도 주몽에게 밀리던 졸본부여 송양국松壤國 왕이 나라를 들어 영웅 전사에게 바치지 않자 주몽은 사슴을 붙잡아 거꾸로 매달고 사슴이 하늘에게 호소하게 한다. 사슴이 슬피 울기를 그치지 않으니 하늘 임금은 큰비를 내려 송양국의 도읍을 물에 잠기게 한다. 물론 이렇게 제 할 일을 제대로 한 사슴은 자유를 얻었을 것이다. 주몽과 하늘 임금의 배려로 하늘로 올라갔는지도 모를 일이다. 물론 하늘로 올라가려면 희생제물이 되어야 하지만 말이다.

고구려 삼실총 벽화의 사슴은 뿔이 길고 날카롭게 뻗은 수사슴이다. 사람에게 붙잡혀 거꾸로 매달리지는 않았지만, 어딘가를 보며 크게 소리치는 모습이다. 누구를 찾고 무엇이라고 소리치는 걸까? 하늘 사는 것들만 그려지는 무덤칸 천장에 묘사된 것으로 보아 이 사슴은 하늘 세계의 생명체다. 주몽에게 잡혀 하늘을 향해 울부짖던 자신의 옛날 모습이 떠올라서일까? 아니면 그런 고통을 겪고 하늘로 올라온 다른 사슴을 향해 여기 먼저 하늘 세계에 올라온 벗이 있음을 알리려고 소리치는 걸까?

만세萬歲

고구려 덕흥리벽화분 벽화 만세

만세

만세 만세 만만세
아홉 번 절하며 외쳐도
백 년 넘기기 힘들다며
명줄 놓고 강 건넌다

만세 만세 만만세
일억 번 소리 질러도
구십 줄이면 눈만 멀뚱거린다며
긴 잠에 들고 먼 길 떠난다

만세 만세 만만세
사람 내는 소리 쌓여
하늘의 별 되더니
새벽부터 달보다 밝게
하늘 저편
빛으로 채운다

사람의 평균 수명이 조만간 100세 가까이 될 것이라는 전망이 나온다. 2020년대 한국 사람의 평균 수명은 80대 중반이다. 한 세대 전과 비교하면 20년 가까이 수명이 늘어났다. 이제 당연시되던 환갑잔치는 낯선 용어가 되었다. 60세가 되어도 예전의 50세보다 젊어 보이고, 체력도 좋은 상태여서 노인으로 취급되지도 않고, 본인도 그러기를 원하지 않는다.

고구려 덕흥리벽화분에는 만세라는 사람 머리의 새가 등장한다. 만년이라는 가망 없는 숫자에 소망들 둔 사람들이 만들어낸 별자리가 형상화된 결과가 이 만세라는 사람 머리의 새다. 만세에서 멀지 않은 곳에는 만세와 쌍둥이 사이처럼 보이는 천추라는 사람 머리의 새도 그려졌다. 역시 천년이라는 긴 세월을 형상화한 결과물이다.

중국의 황제는 신하들에게 '만세, 만세, 만만세'라는 축복과 기원의 말을 들으며 절을 받았다. 신하들은 가장 큰 숫자를 상징하는 아홉 번 머리 조아리며 황제의 만세 삶을 기렸다. 하지만 중국의 황제 가운데에는 만세가 아닌 백세를 넘긴 이도 없다. 오히려 신하나 백성들보다 젊은 나이에 과로와 스트레스로 죽는 이가 많았다. 어떤 황제들은 자못 오래 살아볼 욕심으로 불사를 가능하게 한다는 단약 계통의 별별 약을 다 복용하다가 제 명을 재촉하기도 했다. 연년약延年藥, 장년약長年藥 같은 이름을 단 단약의 주성분이 중금속인 수은이었기 때문이다.

벽화로 그려진 사람 머리의 새들은 『산해경』에도 여러 차례 등장할 정도로 신화적 사고에서는 사람에게 익숙한 존재다. 말을 하고 생각을 하며 사람과 대화를 나눌 수 있다는 사실로 보아도 이런 새들이 사람 세상에 출현한 시기에는 사람들도 신화적 사고를 전혀 낯설게 여기지 않았음을 미루어 짐작할 수 있다. 합리적이고 이성적인 사고와 행동이 모든 것에 우선시 되는 시대를 맞으면서 사람 머리의 새들도 사람 세상에서 멀어지고 잊히게 되었다. 중국 한나라 화상석에 즐겨 묘사되던 사람 머리의 새들도 어느 틈엔가 선계에서도 자취를 감추게 되었지만, 5세기 고구려 고분벽화에는 별자리의 신으로 당당히 모습을 드러내고 있다. 동북아시아의 패권 국가로 성장하였음에도 고구려의 왕과 귀족, 백성들은 해의 신 해모수와 그 아들 주몽에서 비롯된 나라의 시작, 신화적 출발점을 잊지 않고 있었기 때문에 가능한 형상이고 생각이 아닌가 싶다.

천추千秋

고구려 삼실총 벽화 **천추**

고구려 무용총 벽화 **천추**

천추 만세

보름에서 보름
그믐에서 그믐
달을 쌓고
또 쌓으며
온갖 풍상 겪고 나야
한 해다

설에서 동지
동지에서 설
십 년 세월
하루 같아도
이마에 주름 둘이다

십 년 열 번 보내기도
힘겨운데
백 년 너머는 어찌 볼까
세월 건너
천년 보고
기억 너머

만 년 꿈꾸며

넌

별이 되었구나

춘추春秋는 한 해를 가리키는 말이다. 어른의 나이를 높여 부르는 호칭이기도 하다. 중국 춘추시대 노魯나라에서 공자孔子가 편집, 편찬한 역사서 춘추는 원본 역사서의 요약본, 비평요약본에 해당하지만, 원본이 유실된 까닭에 공자의 춘추가 노나라의 역사서로 남게 되었다. 이런 점에서 춘추는 시간의 흐름을 하나의 단위로 나타내는 용어로 인식된다.

천추는 천 번의 춘추, 곧 천 년을 가리키는 말이다. 한 마디로 긴 세월이다. 이런 까닭에 천추는 오랜 시간의 흐름을 가리키는 말로도 쓰인다. '천추의 한을 품고' 같은 말은 오랜 시간이 흘러도 맺힌 한을 새겨서 기억하겠다는 의지의 표현이다. 백 년 안팎의 삶에 묶인 사람에게 천 년은 길고 긴 시간이다.

종교학에는 천 년을 하나의 단위로 한 천년왕국운동千年王國運動이라는 용어가 자주 쓰인다. 일종의 말세론이자 심판론으로 천 년이라는 시간이 흐르면, 혹은 흘렀으니, 이제 한 세상이 끝나고 심판이 시작되며, 새로운 세상이 열린다는 것이다. 재해가 계속되거나 전쟁이 잇달아 일어나며 사회가 불안정할 때, '내가 미륵이요.' '내가 예수요.' 하며 구세주를 자처하는 사람들이 나와 세상의 구원을 선

고구려 천왕지신총 벽화 **천추**

포하며 일으키는 게 천년왕국운동이다. 후삼국시대의 주역인 궁예弓裔는 자신을 불교의 미래불이자 보살인 미륵으로 선포하며 천년왕국운동을 일으킨 인물이다.

고구려 고분벽화에는 천 년을 형상화한 천추가 자주 등장한다. 사람머리의 새로 그려지는 천추가 덕흥리벽화분을 비롯하여 무용총, 삼실총, 천왕지신총에 모습을 보인다. 덕흥리벽화분과 천왕지신총 천추의 곁에는 묘사된 사람 머리의 새가 '천추千秋'임을 알게 하는 묵서가 쓰였지만, 무용총과 삼실총 사람 머리의 새 곁에는 아무런 글도 쓰여 있지 않다. 그러나 앞의 두 고분벽화 표현의 사례로 보아 사실상 동일한 이미지가 관철되고 있는 사람 머리의 새에 어떤 의미가 부여되고 있는지는 확실하다. 오랜 시간 살고 싶은 인간의 마음이 사람보다 장수한다고 믿던 새에게 투사되면서 사람 머리의 새로 형상화되었다는 사실은 보는 이의 눈에 그대로 읽혀진다. 비록 무덤에 묻힌 이는 백 년도 살지 못했지만 말이다.

기린麒麟

고구려 안악1호분 벽화 **기린**

고구려 장천1호분 벽화 **기린**

기린 1

마주 보고
서로를 향해 달려도
늘
그 자리네

한 쌍이라
나란히 어깨 비벼야 하는데
그저
거울 보듯 보기만 하네

평화의 뿔 하나
머리에 달고 있어도
하늘 붙박여
세상 내려 보기만 하네

기린 2

하늘로 오르며
머리 들었더니
구름문
좌우로 열린다
뿔 때문이다

땅으로 걸음 내딛으며
머리 숙였더니
안개골
둘로 나뉜다
뿔 때문이다

암수 만나
오색 기운 뿌렸더니
온 세상이
봄날 아침이다
뿔 때문이다

기린麒麟은 서아시아의 유니콘unicorn이 기원인 신령스러운 짐승이다. 이마에 솟은 뿔 하나가 이 짐승의 상징이다. 평화, 혹은 성인의 출현, 태평성대를 상징하는 이 신비한 짐승이 동아시아에서는 암컷과 수컷 한 쌍이 마주 보는 형상으로 그려지는 게 일반적이다. 기린이라는 이름의 기麒는 수컷, 린麟은 암컷이다. 봉황鳳凰의 봉鳳이 수컷, 황凰이 암컷을 가리키는 글자인 거나 같다.

고구려 고분벽화에서 기린은 사슴꼴로도 묘사되고, 말 형상으로도 그려진다. 물론 실제 표현된 사례를 보면 어느 것 하나 온전한 말 형상도 아니고 기린 모습도 아니다. 안악1호분 벽화로 모습을 드러낸 기린은 허리에 날개가 한 쌍 달리고 머리에 둥근 방망이 형태의 뿔이 하나 솟은 사슴 모양이다. 이 기린을 벽화에서 보면 눈이 제대로 남아 있지 않아 작가는 동그란 눈을 넣어 귀여운 이미지로 재탄생시켰다.

강서대묘 벽화의 기린도 말보다는 사슴의 이미지가 더 강한 경우다. 이마에 솟은 뿔은 붓을 거꾸로 세워 놓은 듯한 형상이다. 혀를 길게 빼문 듯이 보이지만, 실제 이런 표현은 상서로운 기운을 내뿜고 있음을 나타내는 것이다. 꼬리가 길게 뒤로 뻗어나간 점에서 벽화의 기린을 꼬리가 짧은 게 특징인 사슴으로 보기도 쉽지 않다.

장천1호분 벽화의 기린은 안악1호분이나 강서대묘 벽화의 기린과 달리 힘 있게 앞으로 내달리는 모습인데, 갈기도 꼬리도 끝이 뾰족하게 뻗어나간 게 특징이다. 몸에서 솟는 상서로운 기운도 끝이 뾰족하고, 이마에 솟은 뿔 역시 끝이 뾰족하고, 좌우로 날카롭게 갈라져 나간 형상이라 전체적으로 기운이 뻗어나가는 힘이 매우 강하다는 느낌을 준다. 보통의 기린과 달리 벌린 입에는 송곳니도 표현되어 순한 사슴이나 말과는 또 다른 이미지를 자아낸다. 전체적으로는 말의 이미지가 매우 강하다.

삼실총 벽화의 기린은 표현 방식에서 장천1호분 벽화의 기린과 비슷한 점이 여럿 있다. 갈기와 꼬리 끝이 뾰족한 점에서 특히 그렇다. 그러나 이마에 솟은 외뿔은 끝이 둥글게 마무리되어 전체적인 이미지에서 안악1호분이나 강서대묘 벽화의 기린 뿔과 크게 다르지 않다. 다리는 달리는 모습의 앞의 세 기린과 달리 앞뒤의 오른쪽 발을 든 채 서 있는 자세이다. 몸의 반점에도 불구하고 굵고 긴 꼬리를 지녔고 갈기가 풍부한 점에서 삼실총 벽화 기린의 전체 이미지는 말에 가깝다.

경주 신라 천마총天馬塚 천마도天馬圖로 알려진 그림의 주인공은 형상이 고구려 장천1호분 벽화 기린과 많이 닮았다. 말의 이미지가 매우 강해 천마로 알려졌음에도 이마에 솟은 외뿔의 형상은 장천1호분 벽화 기린의 뿔에서 비롯된 것 같은 느낌도 들게 한다. 이 천마는 신라 마립간 시대 김씨 왕족 집단이 지닌 천마 관념에 고구려 기린의 이미지가 더해지면서 탄생한 신령스러운 짐승일 가능성이 크다.

고구려 강서대묘 벽화 **기린**

고구려 삼실총 벽화 **기린**

2부

부록

부록 1

고구려의 신화와
역사를 보여주는 고분벽화

    동서를 나눌 것 없이 고대와 중세사회에서 나라와 민족의 시작은 시조의 고귀한 출생으로 첫 장이 열린다. 시조는 신의 아들이거나 신이다. 고구려 역사의 첫걸음도 시조인 주몽의 아버지인 해신 해모수의 강림에서 시작된다. 해신 해모수가 땅으로 내려와 강의 신 하백의 딸인 아름다운 여인 유화와 인연을 맺으며 고구려사의 첫 장이 열린다.

    신화는 말 그대로 신들의 이야기지만, 신이 세상과 맺은 인연, 그로 말미암은 역사적 사건, 천지 만물의 질서와 변화, 국가와 민족의 출현을 설명하는 기원 설화이기도 하다. 신들은 세상의 사람들과 인연을 맺고, 그로 말미암아 갖가지 사건이 일어난다는 게 신화의 주된 내용이다. 사람들은 실제 본 것처럼, 때론 누구에게서 들었다며 입에서 입으로 이런 이야기를 건넨다. 신전과 신사, 사당은 이런 이야기의 주인공을 기리기 위해 세워지고 사람들은 그 앞에 모여 제의를 치른다.

고구려 역사는 해신 해모수가 세상에 모습을 보이면서 시작된다. 하지만, 구체적인 사건은 해모수의 아들 주몽과 주몽의 어머니 유화를 중심으로 전개된다. 하백의 딸이자 해모수의 아내 유화는 사람 세상으로 나와 왕궁의 반 유폐된 생활을 하면서 신의 아들 주몽을 영웅 전사로 키워나가는 데 온 힘을 쏟는다.

고구려는 신의 아들로 세상에 머물다 하늘로 올라간 영웅 주몽이 세운 나라다. 아버지 해신의 뒤를 이은 주몽의 후계자 유리琉璃는 아비 없는 자식으로 성장해 아비의 나라를 찾아온 인물이다. 유리는 아비 주몽처럼 신의 반열에 있어 신출귀몰한 활 솜씨를 지닌 인물이었지만, 아비가 세운 나라 고구려에서 신으로서의 능력을 발휘할 기회는 따로 얻지 못했다. 부여에서 내려온 주몽의 첫째 아들이란 이유로 배다른 동생 비류沸流와 온조溫祚를 제치고 시조왕의 후계자로 왕의 자리에 올랐을 뿐이다.

'훨훨 나는 저 꾀꼬리 암수 서로 의지하는데, 내 외로움 생각하니, 누가 나와 함께 갈거나?'라는 노래를 남긴 유리명왕琉璃明王은 선비와 부여의 침입을 물리치고 도읍을 국내의 위나암성尉那巖城으로 옮겨 나라의 성장과 안정을 동시에 꾀한 인물이다. 그러나 주변의 작은 나라들과 동맹을 유지하려는 정책을 일관되게 펼쳐 나가려다 태자 해명을 자결하게 만드는 등 개인적인 고통을 감수해야 했던 평범한 아비였기도 했다.

유리명왕의 뒤를 이은 태자 무휼無恤은 시호가 대무신왕大武神王일 정도로 영웅왕, 전사왕으로서의 면모가 뚜렷했고 조부 주몽왕처럼 샤먼 왕으로서의 능력을 보이기도 했던 인물이다. 부여를 치러 가던 길에 저절로 밥을 짓는 솥을 얻었고, 하늘이 내린 도장[金璽, 금새]과 병기를 얻기도 했다. 하늘에 빌어 큰 안개가 일게 해 부여 군사의 포위에서 빠져나오기도 했고, 신비로운 말 거루駏䮫를 얻은 이도 대무신왕이다. 살아서 북국 신왕으로 불릴 정도로 널리 알려졌던 대무신왕의 아들이 낙랑 멸망의 계기를 만든 호동왕자好童王子이다.

하늘과 교통이 가능했다고 알려진 초기 왕들의 치세를 지나면 고구려왕들에게서 샤먼 왕의 이미지가 더는 나타나지 않는다. 왕이 하늘과 의사를 소통했다는 기사가 더는 나오지 않는다. 이미 북방 세계의 강국으로 성장해 패권을 잡은 나라가 되었기에 건국 시기 고구려에 드리웠던 신비한 안개는 걷혀 버린 것이다.

중국의 통일왕조 한나라의 군현과 직접 맞닥뜨려 그 압박을 이겨내면서 성장을 거듭하던 고구려가 맞았던 첫 번째 위기는 삼국시대 위나라와 직접 부딪치면서 왔다. 동천왕이 이끌던 고구려군은 장군 관구검毌丘儉이 이끄는 위나라 군사와의 싸움에서 밀려 수도를 잃었다. 왕과 귀족들은 얼마 남지 않은 군사들을 이끌고 동해안까지 피신한 뒤, 간신히 반격의 계기를 마련할 정도로 어려움을 겪었다.

그러나 중국 왕조의 군사들과 엎치락뒤치락 맞서 싸울 수 있을 정도로 세력을 키우는 과정에 고구려는 중국에서 오는 망명객과 유이민을 지속적으로 받아들이는 등의 방식으로 중국의 인력, 기술, 문화와 접촉하여 사회문화적 역량을 키워나가기도 했다. 3세기 중엽부터 등장하는 고구려 벽화고분은 이런 문화적 접촉의 산물 가운데 하나이다.

고구려의 초기 벽화고분은 벽화의 주제가 생활풍속이다. 고분벽화가 죽은 이의 공간에 그려지는 그림이라는 사실을 고려하면 생활풍속이라는 벽화 주제는 죽은 이의 내세 삶이 살아 있을 때와 크게 다름이 없을 것이라는 기대와 소망을 담은 것이라고 할 수 있다. 생활풍속 벽화의 세부적인 제재는 현실 생활의 이모저모일 것이기 때문이다.

실제 초기 고분벽화에는 죽은 이가 살아 있을 때 겪었던 주요한 사건을 포함하여 일상 속에서 마주쳤던 소소한 삶의 풍경이 오롯이 녹아 표현되어 있다. 각종 놀이와 운동을 즐기는 장면, 집안에서의 식사 장면, 여러 종류의 옷과 장신구, 모자 등을 착용한 사람들의 나들이 장면, 소가 끄는 수레를 타고 어디론가 가려는 주인공을 위해 많은 사람이 동원되어 함께 움직이는 행렬 장면 같은 게 초기 고분벽화에 보인다. 초기 고분벽화에는 고구려의 귀족들이 살던 저택의 각종 시설도 묘사되었는데, 죽은 이가 살 내세 공간의 저택 역시 벽화로 그려진 것과 같기를 바란 까닭에 무덤칸 안에 그림으로 남게 되었다고 보아야 할 것이다.

초기 고분벽화의 주제가 생활풍속인 데서 미루어 짐작할 수 있듯이 초기의 벽화고분 가운데에는 귀족 저택의 내부 구조를 무덤 안에 재현하려 한 것도 있다. 357년 묵서명墨書銘이 있는 안악3호분의 경우, 귀족 저택의 소소한 안채 시설을 벽화로 재현해 보는 이가 죽은 이 생전의 저택 안에 들어온 듯한 느낌이 들도록 만들었다. 408년 묵서묘지명이 남아 있는 덕흥리벽화분도 무덤 구조는 방이 두 개인 두방무덤이지만, 벽면 곳곳에 사랑채와 안채의 각종 시설 그림으로 채워 5세기 초 고구려 귀족 저택의 기본 구조를 알 수 있게 하였다.

고구려의 초기 벽화고분 가운데는 무덤칸의 천장고임에 당시에 알려지고 믿어졌던 각종 신앙 관련 제재를 벽화로 남긴 사례도 여럿 있다. 4세기 말의 작품인 안악1호분 천장고임에는 날개 달린 천마와 기린, 비어, 사람 머리의 짐승과 신비한 새를 그려 무덤에 묻힌 이와 그의 일족이 연꽃이 활짝 핀 하늘 세계에 어떤 생명체들이 산다고 믿었는지를 알게 한다.

덕흥리벽화분 앞방 천장고임은 해와 달, 60개의 별자리와 온갖 하늘 세계 존재로 가득하다. 은하수가 흐르고 견우와 직녀가 다시 이별의 순간을 맞고 있고, 선인과 옥녀도 여럿이 하늘을 날고 있다. 별자리를 형상화한 기이한 새와 짐승들도 많이 보인다. 사람 머리의 짐승 성성이가 있고, 짐승 머리의 새 부귀와 길리가 나오며, 사람 머리의 새 천추와 만세도 보인다. 불을 밟은 불새, 한 몸에 사람 머리가 둘인 지축 등도 그려졌다. 모두 5세기 초 광개토대왕 시대 고구려 사람들에게 알려진 신화 전설의 주인공들이다.

4세기 말, 5세기 초에 걸친 광개토대왕 시대는 고구려가 동북아시아의 패권 국가로서의 지위를 확고히 하던 때다. 동아시아 차원에서는 북위와 동진, 초원지대의 유연과 함께 각각의 지역 문화권을 대표하는 4대 강국의 하나로 자리 잡아가던 시기이기도 하다.

강남의 오나라를 멸망시켜 삼국시대에 종지부를 찍었던 서진이 팔왕八王의 난을 계기로 흔들리자 북중국 곳곳에서는 용병으로 끌어들였던 다섯 북방 민족이 잇달아 크고 작은 나라를 세우기 시작했다. 이른바 북중국 5호16국五胡十六國 시대의 시작이다. 서진의 멸망 이후 흉노匈奴, 선비鮮卑, 갈羯, 저氐, 강羌 등의 민족이 앞서거니 뒤서거니 세운 나라들은 북중국의 패권을 잡기 위해 끊임없이 충돌했고 북중국과 국경이 닿았던 고구려도 혼란스러운 동아시아 국제 정치의 무대에 끌려 들어가지 않을 수 없었다.

북중국에서 5호16국 시대가 시작될 즈음 고구려는 고구려 주변에 남아 있던 한 군현들을 무너뜨리며 동북아시아 강국으로서의 지위를 굳혀 나가고 있었다. 300년 왕위에 오른 왕자 을불乙弗, 곧 미천왕美川王은 낙랑군과 대방군을 멸망시키는 동시에 요동으로의 진출 가능성도 타진했다. 그러나 한발 앞서 요동으로 남하한 모용선비慕容鮮卑가 세력을 굳건히 하자 요동으로의 영역 확대는 미천왕의 뒤를 이은 왕들에게도 쉽지 않은 과제로 남게 되었다.

모용선비가 세운 나라 전연前燕이 북중국의 강자로 성장하자 고구려는 산동과 하남을 기반으로 세력을 확대하던 후조後趙와 동맹했지만, 전연을 제압하는 데는 실패했다. 전연은 북중국의 서쪽을 통일한 전진과 패권을 놓고 자웅을 겨룰 정도로 세력이 더 강해졌다. 전연에 제압당하여 요동 진출이 어려워진 고구려는 남으로 백제를 공략하려 했으나, 이도 여의찮아 백제로부터 역공을 당했다.

391년 18세에 즉위한 광개토대왕은 5호16국 시대 후기 더욱 격렬해진 북중국 여러 나라 사이의 패권 쟁탈전의 파고를 이겨내고 오히려 요동으로 고구려의 영역을 확대시켰다. 22년이라는 길지 않은 재위 기간 고구려의 영역을 이전보다 2배 이상이 되게 만들고 불교를 고구려 사회의 중심 종교로 자리 잡게 한 인물이기도 하다. 소수림왕小獸林王이 공인하고, 고국양왕故國壤王이 왕명으로 믿을 것을 권한 불교는 광개토대왕 시대에 이르러 고구려의 귀족과 백성 모두에게 귀중하고 의미 있는 신앙 세계로 받아들여졌다.

불교는 소수림왕의 공인 이전 이미 고구려에 들어왔고, 고국원왕故國原王의 치세에 만들어진 안악3호분 벽화에 활짝 핀 연꽃이 그려질 정도로 내세관에도 영향을 끼치고 있었다. 소수림왕이 북중국의 전진에서 온 승려 순도順道와 아도阿道를 위해 국내성에 불교 사원 초문사肖門寺, 이불란사伊弗蘭寺가 세워진 뒤, 불교의 전파는 상당히 빠른 속도로 이루어졌고 불교의 낙원에 해당하는 정토에서의 삶을 구하는 사람들도 생겼으니, 소수림왕의 뒤를 이은 고국양왕이 왕명으로 불교를 믿어 복을 구하라고 한 것도 이런 사회적 흐름에 대한 국가적 차원의 반응이라고 볼 수도 있다. 아버지 고국양왕의 뒤를 이은 광개토대왕이 평양에 불교 사원을 아홉이나 창건하게 한 것은 고구려가 불교를 국가 차원에서 후원하는 종교라는 사실을 내외에 알린 것이나 다름없다.

　인도의 갠지스 강 유역 카필라국의 왕자 고타마 싯달타에 의해 열린 불교의 세계는 그 기원이 브라만교Brahmanism인 데서 알 수 있듯이 전통적인 신앙 대상들을 자연스럽게 품은 종교 체계다. 우주 만물의 질서와 삶의 본질에 대한 깊은 사색과 그로 말미암은 깨달음을 중시하면서도 세상에 존재하는 온갖 현상을 의인화하고 생명으로 이해하는 오랜 관념이나 사고 체계를 굳이 부정하지도 않는다. 하늘이 33개의 층을 이루며 각각의 하늘에는 천왕이 있다든가, 이 세상뿐 아니라 정토에도 온갖 기이한 생명체들이 있다는 생각을 자연스럽게 받아들이는 것도 이 때문이다.

　동아시아의 고구려에 전해진 불교는 전파의 경로에서 만난 많은 신앙 대상과 풍속, 관념을 수용한 일종의 종교문화 복합체였다. 붓다의 삶과 가르침에 집중하는 종교임에도 불구하고 불교 안에는 인도와 이란, 중앙아시아, 중국의 관념, 풍속, 신앙 대상도 포함된 상태로 고구려에 전해졌다. 물론 전파된 이후에도 그런 흐름은 계속되어 고구려 사람들이 믿던 신앙 대상과 고구려 사람들에게 익숙한 풍속, 관념도 이 새로운 종교 세계에 받아들여져 녹아들고, 섞일 참이었다.

　국내성 지역 5세기 고분인 무용총 벽화는 고구려에 전파된 불교가 기존의 풍속과 관념을 수용하면서 사회에 어떤 영향을 끼쳤는지 보여주는 좋은 사례이다. 두 사람의 불교 승려와 무덤 주인의 대화 장면으로 잘 알려진 이 고분의 무덤칸 천장고임에는 하늘로 떠오르는 연꽃과 연봉오리 위로 기이한 새들이 날고 짐승들이 유영하며, 선인들이 하늘을 날거나 악기를 연주한다. 새와 짐승, 선인 사이에는 별자리들이 놓여 있고 신성한 기운이 구름처럼 흐르며, 연꽃 줄기가 기화요초처럼 자라난다. 선인들이나 새, 짐승들만 따로 놓고 보면 신선 신앙의 세계이고 떠오르는 연꽃과 연봉오리, 공간 이곳저곳에서 자라나는 연 줄기 등을 보면 연화화생蓮花化生이 이루어지는 불교의 정토다. 고구려 사람들이 이미 알고 있고 신앙으로 가슴에 담고 있던 생각, 익숙한 풍속이 불교의 정토 관념 속에 섞여든 상태라는 것을 이 벽화만으로도 충분히 알아챌 수 있다.

무용총 벽화와 제작 시기가 크게 다르지 않은 삼실총 벽화에는 완벽한 연화화생 장면이 묘사되었고, 동시에 천추, 천록 같이 기이한 생명체들이 곳곳에 표현되었다. 전쟁신으로 보이는 소머리 사람도 창을 세워서 든 채 화면의 일부로 남아 있다. 연화화생이 불교 정토에서 탄생법이라는 것을 고려하면, 무덤 주인과 일족에게 불교는 새로운 내세관의 바탕으로 여겨졌음이 확실하다. 그런 사람들의 내세 공간에 전통신앙이나 신선신앙의 상징적 생명체들이 함께 하고 있는 셈이다.

국내성 지역에서는 상당한 거리에 있고 평양에서는 그리 멀지 않은 순천의 5세기 중엽 벽화고분인 천왕지신총 벽화는 연봉오리나 연잎으로 벽화 바탕을 장식하면서 전통신앙과 일정한 관련이 있는 표현들이 등장하는 사례에 해당한다. 천왕이라는 묵서명이 있는 난새를 탄 인물, 한 몸에 사람 머리가 둘 붙은 지신, 천추라는 묵서명이 있는 사람 머리의 새, 묵서명은 없지만 덕흥리벽화분 벽화의 길라나 부귀를 연상시키는 짐승 머리의 새 등은 불교 신앙에 상서로운 새와 짐승에 대한 관념이 자연스럽게 섞인 상태로 벽화가 그려진 경우이다.

불교 사원의 내부를 일부 옮겨 놓은 듯한 느낌을 주는 국내성의 장천1호분 역시 무용총, 삼실총보다 제작 시기가 크게 늦지 않다. 장천1호분에는 붓다와 보살이 벽화로 묘사되었고 악기를 연주하는 천인과 선인, 연화화생 장면도 그려졌는데, 사신의 청룡, 백호, 주작과 함께 기린도 한 쌍 표현되었다. 서아시아의 유니콘에서 비롯되고, 중국의 상서 동물의 하나로 자리 잡은 기린이 주작과 나란히 표현된 것은 동아시아의 상서 관념이 불교에 수용되어 그 일부가 되었음을 뜻한다. 장수왕(재위 413~491)의 치세이던 5세기 중엽 즈음의 고구려에는 불교의 정토왕생론淨土往生論이나 전생관이 내세관의 하나로 자리 잡고 있었고, 이를 바탕으로 무덤 안에 벽화를 그려 소망과 기원을 드러내는 귀족들도 있었다는 사실을 이 벽화로 알 수 있다. 또한 새로운 불교적 내세관의 수용에도 불구하고 죽은 이의 내세 삶의 세계는 청룡, 백호 같은 사신이 지키고 상서祥瑞 동물인 기린과 같은 존재가 함께하는 곳, 여러 가지 악기를 다루는 선인과 천인이 붓다, 보살과 함께 있는 공간으로 인식했다는 사실을 확인할 수 있다.

중국 남조의 동진 말기부터 송, 남제 건국 초기까지 긴 기간 고구려의 왕으로 치세했던 장수왕長壽王의 시대, 고구려는 동아시아 4

대 강국의 하나로 전성기를 누렸다. 동북아시아의 패권 국가로 반세기 가까이 신라를 사실상의 보호국으로 삼기도 했던 고구려는 중국 남조와 북조, 유목 세계의 유연柔然과 등거리 외교를 하면서 별도의 천하를 꾸렸던 나라였다. 고구려의 새 서울 평양平壤은 일본 열도를 포함한 동북아시아 전역에서 가장 번화한 도시였고, 문화 예술의 중심으로 번영을 누렸다.

광개토대왕이 아홉 군데 사원의 창건을 명했던 평양은 427년 이후, 고구려의 새 서울로서의 위상을 바탕으로 불교 신앙과 문화, 예술이 꽃피는 도시가 되었다. 남포의 수산리벽화분이나 쌍영총 벽화로도 확인되듯이 평양의 고구려 귀족 부부는 남녀 시종들을 대동하고 예불공양을 드리러 불교 사원에 가는 게 일상의 일부였다. 평양 중심부의 큰 절은 고구려 불교 신앙의 중심이기도 했다.

장수왕 치세에 불교 신앙이 크게 확산되면서 고구려 사회에는 불교적 내세관을 마음에 두고 이를 드러내는 이들도 많아졌다. 5세기 중엽으로 편년되는 벽화고분 가운데 벽화의 주제가 연꽃인 사례가 많아지는 것도 이 때문이다. 연꽃으로 장식된 무덤칸은 불교의 낙원인 정토 그 자체다. 정토는 연꽃에서 새 생명으로 나는 연화화생의 공간이기 때문이다. 그런 연꽃 장식 벽화고분이 고구려의 두 번째 수도인 국내성에서 더 자주 발견되는 것은 이곳이 고구려가 불교를 공인하면서 처음으로 불교사원을 세운 곳이고, 왕명으로 불교 신앙이 권장되었을 때, 그 영향을 강하게 받은 첫 도시이기 때문이다.

국내성과 달리 평양은 광개토대왕의 명으로 한꺼번에 9곳의 불교사원이 창건된 곳이지만, 낙랑이 오랜 기간 터 잡으면서 중국 문화기 침투하여 사회 전반에 자리 잡은 지역이다. 신선 신앙에 바탕을 둔 도교 신앙이 전해지며 그로 말미암은 영향을 깊이 받은 곳이기도 하다. 그런 까닭인지 대방군帶方郡이 세워졌던 안악의 벽화고분 가운데에는 벽화의 제재 구성에서 불교문화 요소의 비중이 그리 높지 않은 사례도 보인다.

전성기를 누리던 고구려도 장수왕을 이은 문자명왕文咨明王 시대에 부여의 남은 무리들을 받아들인 뒤에는 발전의 동력원을 더는 확보하지 못하게 된다. 고중세의 대부분 국가나 사회가 그렇게 했듯이 고구려도 영역 확장을 통해 더 넓은 토지를 얻어 귀족에게 나누어 주고, 더 많은 백성을 확보해 국가 수입을 증대시키면서 국력을 유지, 강화시켰다. 거대한 문화권 사이를 중개하면서 교역의 이익을 최대한 확보하려 했던 상업 국가가 민족이 아닌 한 영역 확대, 혹은 영향력 확산을 위한 노력은 계속되어야 했다. 문제는 그런 선택이 가능하지 않을 때였다.

동아시아 4대 강국의 세력 균형을 바탕으로 한 국제 질서가 자리 잡으면서 각 문화권의 패권국가는 해당 문화권 안에서만 영향력의 조정이 가능해졌다. 동북아시아의 패권국가인 고구려가 국력을 유지, 강화해 나가는 방법은 문화권 안의 독립 세력인 신라나 백제, 일본, 물길, 거란 등으로 세력을 뻗어나가고 영향력을 확보해 나가는 수밖에 없었다. 그러나 백제와 신라가 동맹을 맺어 대항

하고, 바다 건너 일본 열도가 독자 세력으로 남아 있는 한 고구려가 영향력을 더 높일 수 있는 상대는 문화권 안에 존재하지 않았다. 북방의 물길로는 세력을 뻗어나가도 얻을 것이 없었고, 유목제국 유연柔然, 중국 북조와의 사이에 자리 잡은 거란은 영향력 확대를 시도했다가 다른 강대국과의 충돌을 야기할 수도 있었으므로 쉽게 넘보기 어려웠다. 결국, 고구려 왕실과 귀족은 국가의 영역 안에서 이해관계를 조정해 나가는 수밖에 없게 되는데, 이는 내부 갈등을 증폭시킬 뿐이었다.

문자명왕의 말년부터 조짐을 보였던 귀족 세력 내의 물밑 갈등은 뒤를 이은 안장왕安臧王, 안원왕安原王 시기에 표면화된다. 특히 안장왕의 사후, 동생 안원왕이 즉위한 뒤에는 긴장의 도를 높여 안원왕의 말년 왕위 계승을 둘러싼 외척 간의 공개적인 전투라는 방식으로 폭발한다. 『일본서기日本書紀』에 의하면 545년 12월 일어난 안원왕의 중부인과 소부인을 지지하는 추군麤群과 세군細群의 싸움에서는 패배한 세군 측의 죽임을 당한 자만 이천 명에 이르렀다고 한다.

지배세력의 분열로 평가할 수 있는 이 사건은 6세기 중반을 경계로 고구려가 전제왕권 시대를 마감하고 귀족과두貴族寡頭 체제로 전환하였음을 뜻한다. 추군 쪽이 옹립한 양원왕의 치세에 고구려는 서북 변경에서는 유연을 대체한 돌궐의 침입을 받고, 신라와 백제에 한강 유역을 잃는 등 더는 동북아시아 패권국가로서의 위세를 보여주지 못한다. 오히려 평양으로의 진군을 시도하는 백제를 막기 위해 비밀리에 신라와 협약을 맺고 동북 해안지대를 신라에 내주는 등 나라의 안녕을 유지하기에 바쁘다. 중국 북조의 분열에도 불구하고 요하 건너 서쪽으로의 진출에 엄두도 내지 못한 것은 이와 같은 상황으로 말미암았다고 할 수 있다. 귀족과두 지배체제는 이런 어려움을 겪으며 나라의 안위조차 보장받지 못하는 국제 정세의 변동이 계속되자 왕실과 귀족, 귀족과 귀족 사이의 연립체제로 전환된다. 양원왕의 뒤를 이은 평원왕平原王 때의 일이다.

6세기 초에서 중엽 사이의 혼란스러운 정치, 사회상은 고구려의 종교, 문화, 예술에도 큰 변화를 초래하였다. 고분벽화는 우주적 방위신인 사신四神, 곧 청룡, 백호, 주작, 현무 중심으로 제재가 구성되는데, 이는 무덤 주인의 내세 삶을 보장받기 위해서다. 연꽃을 비롯한 불교적 제재가 사라지지는 않지만, 벽화에서 지니는 비중은 현저히 낮아진다. 대귀족의 자립 경향이 강화되면서 국내성에도 평양에 버금가는 대형 벽화고분이 출현한다. 정치사회 질서의 변화가 문화 예술의 분열, 혹은 지역적 자립이라는 현상을 낳은 경우라고 하겠다.

6세기 전반으로 편년되는 국내성 지역 벽화고분에는 해신과 달신 외에 여러 문명신들이 모습을 보인다. 불사약 사발을 손에 받쳐 든 선인이 등장하고, 백학이나 용, 혹은 난새를 타고 하늘을 날며 여러 악기를 연주하는 선인들도 모습을 드러낸다. 이런 신들과 선인들이 벽화로 그려지는 고분은 규모가 평양지역 왕족의 무덤으로 추정되는 대형 벽화고분에 결코 뒤지지 않는다. 통구通溝 평야의 대형 벽화고분들은 규모나 벽화 내용에서 고구려 왕실의 한 갈래가 국내성 일대를 지배한 것이 아닌가 하는 생각을 불러일으킬 정도다.

국내성國內城 오회분4호묘, 오회분5호묘에 벽화로 그려진 해신과 달신은 모델이 고구려의 시조왕 주몽과 그 어머니 유화임이 틀림없다. 실제 고구려의 종교 신앙을 전하는 기사에 고구려 사람들이 믿고 제사드리던 등고신登高神과 부여신夫餘神은 그 정체가 주몽과 하백의 딸 유화임이 확실하기 때문이다. 해와 달의 아들이라는 주몽은 살아서 하늘로 올라갔으니 아버지 해모수의 뒤를 이어 해신이 되었을 게 틀림없고, 하백의 딸인 유화는 물의 신이니, 음의 기운이 모인 달신으로 모습을 드러내도 이상할 게 없다.

기원과 해석이 간단치 않은 건 벽화로 그려진 각종 문명신이다. 고구려 사람들이 믿었던 불의 신과 농사의 신, 쇠부리신과 숫돌의 신, 수레바퀴의 신에 대한 기록은 어디에도 없기 때문이다. 형상이 뚜렷하고 형상에 투사된 관념도 확실한 이런 문명신들에 대한 기록이 한국과 중국, 일본의 어떤 역사 기록에도 등장하지 않는 이유는 무엇일까? 이런 문명신들이 같은 시기의 평양 일대 대형 벽화고분에는 벽화로 그려지지 않는데, 그 이유는 어디에서 찾을 수 있을까?

원인은 여러 가지 있겠지만, 두 지역의 종교 문화적 전통이 다른 점도 이런 차이를 발생시킨 원인으로 작용했을 가능성이 크다. 전통신앙과 문화가 굳건히 터를 잡고 있던 국내성과 외래의 관념과 문화가 강한 영향을 끼치던 평양의 사회 분위기는 상당히 달랐을 것이기 때문이다. 좀 더 개방적이고 외래문화에 관대하던 평양, 보수적이고 외래 문화 요소에는 약간은 엄격한 잣대를 들이댔을 국내성의 차이도 어느 정도 작용했을 수 있다.

그러나 다른 한 면에서 보면 외래문화의 통로가 달라서 나타난 결과물의 차이일 가능성도 배제하기 어렵다. 국내성에 강한 영향을 끼칠 수 있는 곳이 인적, 물적 교류가 잦았을 북위의 평성문화인 반면, 평양 일대와 문화적, 예술적 접촉이 빈번히 이루어진 곳은 북조의 낙양문화나 남조의 건강문화일 수 있기 때문이다. 실제 통구사신총, 오회분4호묘, 오회분5호묘 벽화에 보이는 강한 기운의 흐름은 북조 문화 예술의 산물에서 흔히 볼 수 있는 것이고, 평양권의 진파리1호분과 진파리4호분 등의 고분벽화에 보이는 부드럽고 자연스럽게 흐르는 기운의 표현은 남조 문화 예술의 특징이기도 하다.

위에서 언급하였듯이 국내성의 6세기 고분벽화와 달리 평양의 6세기 전반 벽화고분의 그림은 중국 남조와 북조 일부 지역에서 보이는 6세기 미술의 흐름과 닿아 있다. 국내성 고분벽화에서와 같은 문명신도 묘사되지 않고, 해신과 달신도 등장하지 않는다. 6세기 중국 남조와 북조 낙양 문화권의 예술 작품에서도 확인할 수 있는 운기화생雲氣化生적인 표현을 볼 수 있을 뿐이다. 고구려 남북 문화권의 고분벽화가 6세기에는 뚜렷이 서로 다른 개성과 작풍을 보이는 것이다.

6세기 초에서 중엽 사이 고구려 사회가 겪은 혼란은 종교 문화의 여러 방면에도 균열을 일으켰다. 귀족들 사이의 치열한 권력 투쟁, 왕권의 실추와 무력화 등의 불똥을 맞은 불교계의 일부 지도자들은 남쪽의 신라나 백제로 망명 갔고, 이들의 빈자리는 중국 남북조에서 크게 유행하던 도교 신앙의 주관자들이 채웠다. 도교의 종파인 오두미교五斗米敎나 천사도天師道의 영향이 고구려 사회에도 미친 것이다.

국교나 다름없었던 불교의 영향력은 여전히 고구려 사회에 뚜렷했지만, 새롭게 대두하면 자리 잡는 도교의 비중도 만만치 않게 높아졌다. 더구나 건국 이래 고구려 사람들의 마음에 깊이 각인되어 있던 주몽과 유화를 신으로 모시는 종교적 전통은 성격상 도교의 신앙체계, 신선신앙적인 사고에도 닿을 수 있었다.

7세기 고구려와 수·당 사이의 전쟁 기사 중에 등장하는 요동의 주몽사와 같은 전통 신앙을 위한 사당은 국내성과 평양성 같은 대도시에도 설치되었을 것이 확실하다. 아마 국가적 차원의 제의를 위한 신궁, 신당이 아니라도 고구려의 주요 도시와 성에는 어디나 주몽사와 같은 사당이 세워졌을 게 틀림없다. 부여신과 등고신에 대한 신앙 전통이 강한 국내성 지역 6세기 벽화고분에 해신과 달신 그림이 등장하는 것도 이런 종교적, 문화적 전통에 바탕을 두고 있음이 확실하다.

6세기 전반 국내성 고분벽화에 모습을 보이는 불사약 사발을 든 선인은 도교적 신앙체계와 관련이 깊을 가능성이 크다. 고구려 사람들이 금을 제련하는 데에 특히 뛰어나다는 중국 쪽의 도교 관련

기록까지 아울러 고려하면 불사의 단약을 제조하려는 노력은 고구려에서도 기원이 오랠 가능성이 있다. 하지만, 단약이 벽화로 그려진 시기가 6세기 전반임을 감안하면 단약을 제조하려는 노력과 전통에 깊은 자극을 준 것은 중국으로부터 전해진 도교적 신앙과 관념이었을 것이다.

강서대묘와 강서중묘 벽화는 6세기 후반 평원왕 시대에 이르러 상대적 안정기에 접어든 고구려의 사회 문화적 상황과 관련이 깊은 듯하다. 6세기 말부터 7세기 전반 사이에 그려졌을 가능성이 큰 두 고분의 벽화는 세련되고 안정적인 필선으로 묘사되었고 불교 문화적 요소와 도교 신앙적 요소를 모두 포함하고 있다. 특히 강서대묘 벽화에는 연화화생 관념에 바탕을 둔 표현과 선계로의 승선에 대한 소망을 담은 묘사가 모두 보인다. 5세기 이전부터 고분벽화에 등장하는 신비한 새와 짐승들도 화면에 모습을 드러낸다. 비천飛天과 기악천伎樂天이 보이고, 선계의 영험한 약초들도 벽화로 그려졌다.

벽화 제재의 구성으로 보면 강서대묘 벽화는 국내성의 6세기 고분벽화에 보이는 것과 평양 지역 고분벽화에 등장하는 것이 자연스럽게 섞여 있다고 할 수 있다. 물론 온전히 모든 것을 포함하고 있지는 않으나, 6세기 전반 평양의 진파리1호분이나 진파리4호분 벽화와도 다르고, 국내성 오회분4호묘, 오회분5호묘 벽화와도 다르다. 어떤 면에서 강서대묘 벽화는 고구려 남북 문화권의 고분벽화와 관련된 관념과 신앙을 모두 아우르고 있다고 할 수 있다. 6세기 후반 평원왕 시대에 고구려 사회를 관통하고 지배하던 통합의 기운이 문화 예술에도 영향을 끼친 결과가 강서대묘 벽화로 표현되었다고 보아도 될 듯하다.

평원왕 이후는 잘 알려졌듯이 중국의 통일왕조인 수나라, 당나라와 고구려 사이의 계속된 전쟁이다. 간헐적인 평화의 시기 사이에 전쟁이 일어났다. 수나라는 고구려와의 전쟁에서 국력을 소진하고 사회 혼란을 겪으면서 멸망했고, 당나라는 신라를 끌어들여 고구려가 서쪽과 남쪽에서 두 개의 전선을 유지하게 만들었다. 영류왕榮留王은 천리장성을 쌓아 서쪽 전선을 보다 안정되게 하려 했으나, 연개소문淵蓋蘇文의 역모에 휘말려 죽임을 당하면서 방어책을 제대로 완비할 시간적 여유를 가지지 못했다.

왕을 허수아비로 만든 연개소문의 독재는 귀족 연립체제를 무력화시켰다. 당나라의 환심을 사기 위한 반강제적이고 적극적인 도교 진흥책은 고구려 불교계의 큰 반발을 사면서 고구려 사회 종교 신앙의 영역에서 깊은 균열이 일어나게 만들었다. 연개소문 자신은 뛰어난 무장이었고 당나라 대군의 침입도 여러 차례 물리치는 성과를 거두었지만, 귀족사회를 분열시켜 고구려가 당나라와의 전면전을 견뎌낼 능력을 장기간 유지하기 힘들게 만들었다. 결국 연개소문의 사후 3년 만에 고구려는 당나라와 신라의 연합군에 의해 멸망했다.

강서대묘를 평원왕의 왕릉으로 추정하는 이들이 적지 않다. 무덤 규모나 축조 방식, 벽화의 세련도 등은 왕릉으로 판정하기에 전혀 부족하지 않다. 비록 왕릉임을 알리는 표지적 유물은 전혀 출토되지 않았지만, 벽화의 제재나 구성 방식도 평원왕 시대의 사회 분위기와 무관하지 않은 듯이 보인다. 강서대묘 벽화가 평원왕의 왕릉이라면 보다 규모가 작으면서도 벽화 구성과 필치의 세련도가 강서대묘에 못지않은 강서중묘는 평원왕의 뒤를 이은 영양왕嬰陽王의 왕릉일 수 있다.

현재까지 발견된 마지막 시기 고구려 벽화고분인 강서중묘는 강서대묘 보다 벽화 구성이 단순하다. 무덤칸 천장고임에 강서대묘 벽화의 비천이나 기악천, 상서로운 새와 짐승같이 다양한 존재가 묘사되지 않는다. 강서중묘 무덤칸 천장 벽화는 연꽃과 관련된 장식무늬 위주로 구성되어 있다. 여전히 고급스럽고 세련된 필치가 돋보이는 강서중묘 벽화가 사실상 마지막 작품으로 남겨진 점에서 고구려 벽화의 역사는 갑자기 멈추었다고 해도 과언이 아니다.

부록 2

웅녀의 동굴, 유화의 방
- 신화 속 두 세계의 접점

1. 동굴, 신단수神壇樹, 단군

『삼국유사三國遺事』는 고조선의 건국신화를 다음과 같이 전한다.

 "『고기古記』에 이르기를 옛날 환인의 서자 환웅이 세상에 내려가 인간세상을 구하고자 하는 뜻을 자주 나타내므로 아버지가 아들의 뜻을 헤아려 아래로 삼위태백三危太白을 살펴보니 인간을 널리 구할만 하였다. 이에 천부인天符印 세 개를 주어 내려가 다스리게 하니 웅雄이 무리 3천을 거느리고 태백산 꼭대기 신단수 아래에 내려와 이르기를 신시神市라고 하였다. 이가 곧 환웅천왕이다. 풍백風伯, 우사雨師, 운사雲師를 거느리고 곡식, 수명, 질병, 형벌, 선악을 주관하고 무릇 인간 360여 가지 일을 맡아 세상을 다스리었다. 이 때 곰 한 마리와 범 한 마리가 한 굴에 살면서 신神웅에게 사람이 되게 해달라고 빌었다. 웅이 이들에게 신령스러운 쑥 한 줌과 마늘 20개를 주면서 이르기를 '이것을 먹고 100일 동안 햇빛을 보지 않으면 사람이 된다'고 하였다. 곰과 범이 이것을 받아서 먹고 근신하기를 3·7일 만에 곰은 여자의 몸이 되었으나 범은 근신하지 못하여 사람의 몸이 되지 못하였다. 웅녀熊女는 그와 혼인해 주는 사람이 없으므로 항상 단수壇樹 아래에서 잉태하기를 기원하였다. 이에 웅이 잠시 변하여 그와 혼인하니 잉태하여 아이를 낳았다. 이름 하여 단군왕검檀君王儉이라 하였다. 당고唐高 즉위 50년 경인庚寅에 평양성에 도읍하고 비로소 조선이라 일컬었다. 다시 도읍을 백악산 아사달로 옮겼으니 이를 궁홀산이라고도 하고 금미달이라고도 한다. 1,500년 동안 나라를 다스렸다. 주호왕周虎王 즉위 기묘己卯에 기자를 조선에 봉하므로 단군이 장당경으로 옮겼다. 뒤에 아사달로 돌아와 숨어 산신이 되니 이때 나이가 1,908세였다."[1]

위에서 잘 드러나듯이 단군신화의 주인공에게는 환웅桓雄과 단군檀君 외에 곰 여자 '웅녀熊女'도 포함시켜야 할 것이다. 신화에서 곰은 동굴 속에 들어가서 쑥과 마늘을 먹고 삼칠일을 버텨낸 결과 사람이 되어 나왔다. 동굴이 곰을 사람으로 바꾸는 마술주머니 역할을 담당한 셈이다. 물론 동굴 안에서 곰은 존재의 전환을 위해 부

---

[1] 『三國遺事』권1, 「紀異篇」제1, 古朝鮮條.

단한 노력을 기울였다. 빛을 받을 수 없는 동굴은 어둠과 죽음의 공간이었고, 곰은 곰으로서의 죽음을 경험하였다. 죽음을 겪고 재생을 경험하기까지 곰은 깊은 두려움과 절망의 터널을 지나야 했고, 이 짧고도 긴 여행을 무사히 마치기 위해 쓰디쓴 쑥과 매운 마늘을 먹으며 고통과 허기를 잊고 견뎌내야 했다.[2] 어느 순간 곰의 육신은 사라졌고, 사람의 모습이 그 자리에 나타났다. 쑥과 마늘, 어둠과 죽음에 대한 기억은 잊혀졌다. 빛과 생명, 맑은 물과 달콤한 과일에 대한 소망이 여자의 가슴을 가득 채웠다. 여자는 동굴 밖으로 나갔고, 어딘가 눈에 익은 듯한 새 세상을 볼 수 있었다.

같이 동굴 안으로 들어갔던 호랑이는 호랑이인 채로 그냥 나오고 말았다. 동굴 안에서 치러내야 할 자기 자신과의 싸움에서 지고만 것이다. 호랑이는 죽지 않고 살아 나왔지만, 동굴 안으로 들어갈 때와 다름없이 호랑이로 계속 살 수밖에 없게 되었다. 호랑이는 동굴 깊숙한 곳을 가득 채우고 있던 어둠에 익숙해지기 어려웠고, 어둠이 가져다주는 두려움과 함께 있고 싶지 않았다. 쇠약해지는 육신, 깊어지는 허기를 견디기 힘들었다. 쓰디쓴 쑥과 매운 마늘은 고통과 두려움을 더할 뿐이었다. 호랑이에게 동굴은 죽음의 공간일 뿐, 어떤 소망도 찾을 수 없는 세계였다. 호랑이는 죽음을 경험하고

---

[2] 이 경우, 동굴은 생명의 자궁(子宮)에 해당한다. 씨앗이 썩지 않으면 씨앗에서 싹이 나와 열매를 맺을 수 없다는 예수의 씨앗의 비유(『성경』 「요한복음」 12:24)는 신화적 재생 과정에 대한 적절한 설명의 하나이기도 하다

싶지 않았다. '죽음'으로 그냥 끝나는 것 아닌가. 자신이 사냥했던 짐승들이 목이 물린 채 눈에서 빛을 잃어가던 순간이 자신에게도 서서히 다가오는 것 이상도 이하도 아니지 않는가. 동굴의 어둠에 녹아버리면 그냥 잊힐 뿐, 동굴 바깥에서 누렸던 삶은 더 이상 허용되지 못하는 것이 아닐까. 호랑이는 동굴이 자신을 소멸시키는 곳이 될 뿐이라고 보았고, 그러한 생각이 드는 순간 동굴을 나와 버렸다.

호랑이는 숲으로 돌아갔고 웅녀는 신시神市로 들어갔다. 신시는 하늘과 땅 사이의 구별된 공간, 하늘도 땅도 아닌 곳, 하늘과 땅이 만나는 곳이었다. 신시는 또 독립된 세계이기도 했다. 그렇기 때문에 신시에도 다른 세계와의 접점이 필요했고 신시와 하늘의 만남은 신단수神檀樹에서 이루어졌다. 웅녀는 신단수 밑으로 나아가 사람이 됨으로써 땅을 대표하게 된 자신과 하늘 사람 사이의 만남을 간절히 구했다. 두 세계가 만나 하나가 되지 않으면 신시는 영원히 모호한 공간으로 남게 될 것이고, 두 세계를 아우른 새 세계를 탄생시키지 못한다면 웅녀 자신도 재생의 의미를 찾을 수 없게 된다. 하늘의 신 환웅 역시 아무런 열매 없이 하늘로 되돌아가야 할 수 있다. 신 환웅이 사람의 모습으로 신단수 아래로 내려와 사람이 된 곰과 인연을 맺어 신성한 생명을 잉태하게 하는 것도 이런 까닭이다. 신이기도 하고, 사람이기도 하고, 곰이기도 하며, 그 어느 것도 아니기도 한 단군의 출생은 신화적 세계의 통합이기도 하고, 종말이기도 하다. 단군은 신화와 역사 사이에 모습을 드러냈고, 모든 존재의 경계에 선 자가 되었다.

2. 유화, 금와, 해모수

버들꽃 유화柳花는 해모수와 함께 고구려 주몽신화 전반부의 주인공으로 등장한다. 하백河伯의 딸 유화는 동생들과 뭍에 놀러 나왔다가 제대로 된 절차도 밟지 않고 천제天帝 해모수解慕漱와 인연을 맺었다. 이 때문에 유화는 우발수優渤水라는 강에서 귀양살이를 하게 된다. 압록수鴨綠水 깊은 곳의 용궁에서는 귀하신 왕녀였지만 부여의 외진 곳을 흐르던 우발수에서 유화는 어부들의 그물에 걸린 물고기로 허기를 채우는 물귀신 소녀에 불과했다. 쇠 그물에 걸려 지상에 나왔을 때 유화의 입술은 용왕 하백의 딸답게 길게 늘어져 있어 사람의 말을 할 수 없었다. 돌 위에 앉은 채 쇠 그물에 걸려 나온 무서운 형상의 여인이 유화의 본래 모습이었다. 유화의 입술은 세 번이나 잘리고, 그제야 사람의 말로 부여왕 금와金蛙와 대화를 나눈다. 『구삼국사舊三國史』「동명왕본기東明王本紀」를 읽은 고려의 문인 이규보는 「동명왕편」에서 이 과정과 그 뒤의 이야기를 다음과 같이 노래하고 있다.

> "성 북쪽에 청하가 있는데, 하백의 세 딸이 아름다웠네.
> 압록강 물결 헤치고 나와 웅심 물가에서 놀았네.
> 쟁그랑 딸랑 패옥 울리는 소리 부드럽고 가냘픈 모습 아름다웠네.
> 처음에는 한고 물가인가 의심하고 다수 낙수의 모래톱을 연상하였네.

왕이 나가 사냥하다 보고 눈짓 주어 보내며 마음 두었네.

곱고 아름다움을 탐함이 아니라 참으로 뒤 이을 아들 낳기에 급함이었네.

세 여자 왕이 오는 것을 보고 물에 들어가 한동안 서로 피하였네.

장차 궁전을 지어 함께 와서 노는 것을 엿보려 하여

말채찍으로 한 번 땅을 그으니 구리집이 홀연히 우뚝 섰네.

비단 자리를 눈부시게 깔아 놓고 금 술잔에 맛있는 술 차려 놓으니

과연 스스로 돌아 들어와 서로 마시고 이내 취하였네.

왕이 때맞춰 나가 가로막으니 놀라 달아나다 미끄러져 넘어졌네.

맏딸이 유화인데 왕에게 붙잡혔네.……

하백이 그 딸을 책망하여 입술을 잡아당겨 석 자나 늘여 놓고

우발수 속으로 쫓아버리고 오직 하인 두 사람만 주었네.

어부가 물속을 보니 이상한 짐승이 돌아다니는지라.

금와왕에게 아뢰고 쇠그물을 깊숙이 던졌네.

돌에 앉은 여자를 끌어당겨 얻었는데, 얼굴 형상 무섭기도 하여라.

입술이 길어 말을 못하다가 세 번 자른 뒤에야 입을 열었네.

금와왕이 해모수의 왕비임을 알고 이내 별궁에 가두었네.

해를 품고 주몽을 낳으니 이 해가 계해년이라.

골상이 참으로 기이하고 우는 소리가 또한 심히 컸네.

처음에 되만한 알을 낳으니 보는 사람들이 깜짝 놀랐네.……" [3]

---

3) 『東國李相國集』「東明王篇」

사람의 세상에 나오기 전 용왕의 딸 유화는 우발수라는 외진 곳에서 지낸다. 우발수는 압록수로 이어진다는 점에서 압록수의 연장이기도 했지만, 압록수와는 멀리 떨어진 곳이었으며 부여 땅을 흐르고 있어 부여의 일부라고도 할 수 있으나 물 속 세계까지 부여 왕의 힘이 직접 닿지는 않는 곳이었다. 낯설지도 익숙하지도 않은 모호한 공간에 머물면서 유화는 돌아갈 것을 꿈꾸어야 하는지, 물 바깥 세계에서의 새 삶을 소망해야 할지 고민하였다. 나아갈 것인가. 돌아갈 것인가. 이전처럼 하백의 딸로 살 것인가. 해모수와의 만남이 있었던 바깥 세상의 존재로 다시 태어날 것인가. 어둠이 지배하는 우발수 깊은 곳 돌 위에서 어룡魚龍 유화는 용궁 바깥에서의 새로운 삶을 꿈꾸었다. 시간이 흐르면서 유화는 점차 물이끼 냄새에 익숙했던 어룡으로서의 자아를 버리기 시작했고 새 존재에 대한 소망으로 그 빈자리를 채워갔다. 쇠 그물에 끌려 나왔을 때, 어룡의 형상은 유화의 얼굴 부분에서만 그 흔적을 남긴 상태였다. 존재의 전환을 확인하고 마무리하기 위한 제의가 여러 차례 치러졌고, 마침내 용왕의 딸은 부여 왕궁으로 들어갈 여자로 새로 태어났다.

사람의 음식이 될 물고기를 훔쳐 먹으면서 유화는 몸과 함께 자아도 바꾸어갔다. 어부들이 그물을 던질 때마다, 그 그물에 물고기가 걸리고, 그 물고기를 배를 채우면 채울수록 유화와 부여 사람들 사이의 연대는 깊어졌고, 결국 부여 왕 금와와도 인연이 닿았다. 유화와 금와의 만남을 위한 제의는 세 차례나 치러졌으며, 그때마다 서로 다른 세상에 살던 두 사람 사이의 대화는 길어지고 구체적이었다. 길게 늘어져 있던 어룡의 입술은 잘라지고 잘라져서 사람의 입술이 되었다. 유화는 사람이 되는 데에 성공하였고, 용궁 대신 부여 왕궁으로 삶터를 옮길 수 있게 되었다.

그러나 하백의 딸로 천제 해모수와 인연을 맺은 것으로 알려진 이 신비한 여인을 정말 후궁으로 받아들일 것인지를 고민하던 금와왕은 유화를 왕궁 안의 한 '방'에 가두게 한다. 사람이 되고 싶다는 소망을 이루었다고 믿었지만, 유화에게 새로 주어진 삶터는 물 속 정령들의 세계도 아니고, 땅 위 부여 사람들의 세상도 아니었다. 부여 왕궁 안에 있다고 하더라도 왕궁의 삶과는 격리된 곳, 이 세계도 저 세상도 아닌 공간이었다. 우발수가 물의 세계와 더 깊이 이어진 곳이었다면, 왕궁의 방은 땅 위 사람의 세상에 속하는 장소라는 점이 달랐다. 유화는 다시 한 번 살던 세계도, 새 세상도 아닌 곳에 머물러 있어야 했다. 새로운 존재로 전환했다고 생각했지만 유화는 자신이 이쪽에도, 저쪽에도 속하기 어려운 존재임을 알게 되었다.

유화는 왕궁의 방에서 해모수에게 이끌려 들어갔던 웅심산雄心山 밑 외진 집의 방에 대한 기억을 떠올렸고, 그 방에서 이루었던 하늘 세계 사람과의 교통에 대해 생각했다. '이 방이 부여 사람들, 물 속 세상과는 접촉이 어려운 곳일지 몰라도 하늘 세계와의 만남은 가능한 곳이 아니겠는가. 해모수가 정말 천제라면 이 방이 그와의 인연을 다시 잇고 새 생명을 품는 터가 될 수 있지 않겠는가?' 어둠에

싸인 방안에서 여인은 하늘과 땅, 물속을 아우르는 세상에 대해 꿈꾸기 시작하였고, 그 소망을 가슴에 품고 키워나갔다. 어룡이던 한 여자가 갇힌 작은 방 안에 빛이 새어들었고, 그 빛은 여자의 배속에 생명의 씨앗을 심었다.[4] 생명은 자라났고, 마침내 열매를 맺었다. 유화를 가두었던 방은 하늘의 기운과 자연의 힘이 만나는 초자연적 공간이 되었고, 초자연적 능력을 지닌 새 생명의 자궁이 되었다. 천제 해모수의 기운, 어룡 유화의 힘은 모두 이 자궁 안에서 녹아 하나의 결정으로 바뀌어갔다. 어룡이기도 하고, 조룡鳥龍이기도 한 사람, 사람도 물고기도 새도 용도 신도 아니지만 그 모든 것이기도 한 생명이 마침내 유화가 낳은 알에 담겨 나왔다. 새 세상을 열 새 생명이 유화의 방에서 나온 것이다.

---

[4] 천제 해모수의 실체는 해, 해신이므로 유화의 방에 비춘 '빛'은 해모수 자신에 해당한다. 그리스 신화 속 올림포스의 주신 제우스가 황금소나기(빛 혹은 번개)로 변신하여 아르고스의 왕녀 다나에와 관계를 맺는다는 줄거리는 황금소나기가 상징하는 빛(번개)이 제우스의 실체라는 인식을 전제로 성립한 것이라고 할 수 있다.

3. 주몽, 엄리대수, 신모

드디어 왕자 주몽은 부여를 떠나기로 하였다. 금와왕 정비의 큰 아들 대소帶素가 왕위를 계승한다면 부여의 왕자로 대접받고 있지만 후궁의 소생인 주몽에게 더 이상의 미래는 없었다. 더구나 명궁 중의 명궁名弓이라는 별명까지 얻은 까닭에 미래는 더욱 불확실했다. 능력이 뛰어난 서출 왕자 주몽은 이미 금와왕 생전에도 다른 왕자들에게는 왕위를 넘볼 위험한 인물일 뿐이었다. 다른 왕자들은 알에서 태어났다는 괴이한 소문의 주인공, 우발수 출신의 신비한 여인 유화의 소생 주몽의 망명조차도 허용하고 싶지 않았다. 태자 대소에게로 이어져야 할 왕위에 도전할 수 있는 인물은 제거되어야만 했다. 주몽이 부여를 떠나 졸본卒本에 이르는 과정은 『세종실록世宗實錄』「지리지地理志」에도 그 내용이 전한다.

> 금와가 아들이 7인이 있는데, 늘 주몽과 함께 사냥을 다녔다. 왕자들과 종자 40여 명이 겨우 사슴 한 마리를 잡을 때에 주몽은 여러 마리를 잡았다. 왕자가 이를 시기하여 주몽을 잡아 나무에 메어 놓고 사슴을 빼앗아 갔다. 주몽이 나무를 뽑고 돌아가니 태자가 왕에게 말하였다. '주몽은 빼어나고 날랜 인물입니다. 위를 보는 것이 심상치 않으니 일찍 도모하지 않으면 반드시 후환이 있을 것입니다.' 이에 왕이 주몽으로 하여금 말을 먹이게 하여 그 뜻을 알아보고자 하였다.

주몽이 한을 품고 어머니에게 이르기를 '나는 천제의 손자인데도 말 목동이 되었으니 사는 것이 죽는 것만 같지 못합니다. 남쪽 땅에 가서 나라를 세우고자 하나 어머님이 계셔 차마 결단하지 못하겠습니다.' 하였다. 어머니가 말하기를 '이것이 내가 밤낮으로 속 썩는 바다. 내가 들으니, 선비가 먼 길을 떠나려면 모름지기 날랜 말에 의지하라 하였다. 내가 말을 가리어 주리라.' 하였다.

드디어 말 목장에 가서 긴 채찍으로 말들을 향해 휘두르니 뭇 말들이 크게 놀라 달아나는데, 붉고 누런 말 한 마리가 두 길이나 되는 난간을 뛰어넘어 달아났다. 주몽이 그 말이 뛰어남을 알고 몰래 바늘을 혀뿌리에 찔러 박으니, 말이 혀가 아파 먹지 못하고 몹시 야위었다.

왕이 말 목장을 돌아보러 나와 뭇 말이 모두 살찐 것을 보고 크게 기뻐하여 그 가운데 여윈 말을 주몽에게 주었다. 주몽이 그 말을 얻은 후에 바늘을 뽑고 더욱 잘 먹였다. 몰래 오이, 마리, 협보 등 3인과 결탁하여 남행해서 개사수에 이르렀는데, 건너려 하여도 배는 없고, 뒤쫓는 군사는 급히 따라오므로 채찍을 들어 하늘을 가리키면서 큰 소리로 탄식하기를 '나는 천제의 손자요, 하백의 외손인데, 지금 난리를 피하여 여기에 이르렀으니, 황천후토께서 이 외롭고 홀로 된 자를 위하여 빨리 배다리를 만들어 주소서.' 하고는 활로 물을 쳤다. 곧 자라떼가 떠올라 다리를 놓으니 주몽이 건넜다. 한참 있다 뒤쫓는 군사들이 강에 이르렀으나 자라 다리가 문득 없어지매 다리에 올랐던 군사는 모두 물에 빠져 죽었다.

주몽이 그 어머니를 이별할 때 차마 떠나지 못하니 그 어머니가 말하기를 '너는 어미 때문에 염려하지 말라.' 하고, 오곡의 씨앗을 싸서 주어 보냈는데, 주몽이 이별하는 마음을 가누지 못하다가 보리씨를 잊고 떠났다. 주몽이 큰 나무 밑에서 쉬고 있는데, 한 쌍의 고니가 날아 와서 모였다. 주몽이 말하기를 '아마도 이것은 어머니가 보내 주시는 보리씨일 것이다.' 하고 활을 당기어 쏘니 한 화살에 모두 떨어졌다. 고니의 목구멍을 열어 보리씨를 꺼내고 물을 뿜으니 다시 살아나 날아갔다.······5)

왕자 주몽과 그를 따르는 자들은 앞으로 내달렸고, 추격하는 부여의 군사들은 그 뒤를 쫓았다. 쫓고 쫓기며 몇 날이 흘렀고, 주몽 일행이 탄 말들은 눈앞을 가로질러 흐르는 큰 강 앞에 멈추어 섰다. 말 위에 탄 채 건너기에 강은 넓고도 깊었다. 주몽은 활로 강물을 치며 외할아버지 하백의 이름으로 물의 정령들에게 도움을 청했다. 문득 물고기와 자라의 다리가 세워지며 주몽 일행이 강을 건널 수 있게 해주었다.6) 견우와 직녀의 1년 한 차례의 만남을 위해

---

5) 『世宗實錄』卷154, 「地理志」 平壤古蹟.

6) 견우와 직녀의 1년 한 차례의 만남을 위해 은하수(銀河水)를 가로질러 놓이는 오작교(烏鵲橋) 역시 두 세계를 잇기도 하고 나누기도 한다는 점에서 신화적으로는 같은 성격의 다리이다.(견우직녀 설화에 대해서는 全虎兌, 2000, 「고구려 고분벽화의 직녀도」 『역사와 현실』 38, 참조) 히브리인이 이집트를 탈출하는 과정에 사용하는 바다가 갈라지면서 생긴 길도 신화적 의미로는 '다리'이다. 히브리인들에게 바다 사이의 길 이쪽 편은 노예로 살던 이집트이고 저쪽 편은 자유인으로 살아가야 할 광야였다.(히브리인이 겪던 두 세계에 대한 관

은하수(銀河水)를 가로질러 놓이는 오작교(烏鵲橋) 역시 두 세계를 잇기도 하고 나누기도 한다는 점에서 신화적으로는 같은 성격의 다리이다. (견우직녀 설화에 대해서는 全虎兒, 2000, 「고구려 고분벽화의 직녀도」『역사와 현실』 38, 참조) 히브리인이 이집트를 탈출하는 과정에 사용하는 바다가 갈라지면서 생긴 길도 신화적 의미로는 '다리'이다. 히브리인들에게 바다 사이의 길 이쪽 편은 노예로 살던 이집트이고 저쪽 편은 자유인으로 살아가야 할 광야였다. (히브리인이 겪던 두 세계에 대한 관념의 혼란에 대해서는 전호태, 2004, 『엑소더스: 새 민족의 탄생』 울산대학교 출판부 참조) 이러한 길, 혹은 다리가 그대로 있을 때에는 서로 다른 관념과 질서가 지배하는 두 세계 사이의 소통이 가능하지만, 이와 같은 형태의 통로가 사라지거나 사용할 수 없을 때 두 세계는 서로 단절된다. 주몽이 사용했던 물고기와 자라의 다리가 물속으로 사라지자 강 이쪽 편과 저쪽 편 사이의 소통은 불가능해진다.

물론 뒤쫓아 온 부여병사들은 물고기와 자라의 다리를 쓸 수 없었다. 저들은 물의 정령과는 아무런 관계도 없는 자들이었다.

엄리대수奄利大水, 개사수蓋斯水 등 여러 가지 이름으로 불리던 큰

념의 혼란에 대해서는 전호태, 2004, 『엑소더스: 새 민족의 탄생』 울산대학교 출판부 참조) 이러한 길, 혹은 다리가 그대로 있을 때에는 서로 다른 관념과 질서가 지배하는 두 세계 사이의 소통이 가능하지만, 이와 같은 형태의 통로가 사라지거나 사용할 수 없을 때 두 세계는 서로 단절된다. 주몽이 사용했던 물고기와 자라의 다리가 물속으로 사라지자 강 이쪽 편과 저쪽 편 사이의 소통은 불가능해진다.

강은 두 세계의 경계를 이루고 있었다.[7] 강을 건너는 동안 주몽은 부여에서 지니고 있던 신분과 지위를 벗어 던지고 있었고, 그 자리를 새로운 가능성과 소망으로 채워 나갔다. 물고기와 자라의 다리를 밟는 순간 부여왕자 주몽의 죽음은 시작되었고, 동시에 새 나라를 꿈꾸는 부여 출신 영웅의 탄생이 진행되고 있었다. 강을 건넘으로써 죽음도 재탄생도 마무리되었고, 물고기와 자라의 다리는 사라졌다.

강의 저편은 부여의 땅이었고, 강의 이쪽 편은 부여의 힘이 미치지 못하는 곳이었다. 강 저쪽 편에 있을 때에 주몽은 망명을 꿈꾸는 부여의 왕자였고, 강 이편에 이른 주몽은 망명에 성공한 자, 새 하늘 새 땅의 개척을 꿈꾸는 자이다. 강을 건너기 전의 주몽은 부여의 법과 질서를 지키기를 거부한 죄로 붙잡히면 죽음을 당할 수밖에 없는 자였고, 강을 건넌 뒤의 주몽은 새 땅에서 새로운 법과 질서를 만들고 자기 밑의 사람들에게 이것을 지키도록 요구할 수 있는 자가 되었다. 강 너머에서 부여의 병사들은 법과 질서의 수호자였지만, 강을 건너오는 순간 저들은 침입자, 파괴자로 규정되어 이 땅 사람들에 의해 쫓겨나야 하는 대상이 되고 만다.

강을 건넜고, 강 건너를 지배하던 힘으로부터 완전히 자유로운 존재가 되었지만 주몽은 여전히 빈털터리였다. 새 땅의 지배자도 아니었고, 새로운 질서를 만들어내지도 못하였다. 모든 가능성이

---

7) 엄리대수(奄利大水)라는 용어는 「광개토왕릉비문(廣開土王陵碑文)」에만 보인다.

그 앞에 열려 있었다. 주몽은 새 나라를 여는 데에 실패할 수도 있고, 성공할 수도 있는 자였다. 주몽에 앞서 많은 이들이 이 강을 건넜고, 새 땅의 남쪽 먼 곳까지 내려갔지만, 이들 가운데 얼마나 새 나를 세우는 데에 성공했는지는 아무도 몰랐다. 새 나라의 왕이 된 자도 있고, 나라 세우기에 실패하고 죽음에 이른 자도 있을 것이다. 초가삼간을 겨우 세웠다가 뒤쫓아 내려온 이들에게 빼앗긴 자로 있을 것이고, 빼앗은 초가집을 헐고 그 자리에 기와집을 세운 이도 있을 것이다. 새 땅에 이르렀지만 미래는 불투명했다.

주몽은 강을 건너 부여 추격병의 손에서 벗어나자 큰 나무 밑에서 숨을 돌린다. 신단수처럼 커다란 나무 밑에서 주몽은 나무 주위를 빙빙 도는 새 한 쌍을 발견하고, 활을 쏘아 이 새들을 맞추어 떨어뜨린다. 주몽이 죽은 새의 부리를 벌리니 목구멍에 보리 종자가 들어 있다. 새 한 쌍은 주몽의 어머니 유화가 보낸 '씨앗 심부름꾼'이었던 것이다. 보리 종자를 얻은 뒤 새의 몸에 물을 뿜으니 두 마리 모두 되살아나 신모神母 유화에게 이 소식을 전하러 날아간다.[8]

하늘을 향해 뻗어 올라간 거대한 나무 아래에서 주몽은 비둘기를 통해 어머니 유화와 소통하였고, 신모로부터 새 세상에 뿌릴 곡식 종자를 받았다. 이제 이 보리 씨앗은 주몽이 세울 새 나라의 백

---

8) 유화가 지닌 신모(神母)로서의 성격과 그 의미에 대해 주목한 글로는 金哲埈, 1975, 「東明王篇에 보이는 神母의 性格」『韓國古代社會研究』知識産業社와 全虎兌, 1997, 「韓國 古代의 女性」『韓國古代史研究』12가 있다.

성들을 먹여 살리게 될 것이다. 주몽은 해신 해모수의 아들답게 화살을 빛처럼 쏘아 씨앗을 얻고 용왕의 외손답게 물을 뿜어 생명을 되살렸다. 주몽은 자신이 하늘의 기운, 땅의 능력을 한 몸에 지닌 자임을 스스로 재확인하고, 일행에게도 알렸다. 물론 이 모든 일은 강 건너에 우뚝 서 있던 커다란 나무 아래에서 이루어졌다. 사람이기도 하고, 신이기도 하며 하늘을 나는 새를 통해 생명을 위한 양식까지 얻을 수 있는 주몽에 의해 새 나라가 열리는 것은 이제 시간문제에 불과했다.

4. 변신, 재생, 창조의 시공간

곰과 호랑이가 들어갔던 동굴은 유화가 귀양살이하던 우발수로 바뀌었고, 다시 주몽이 건넌 엄리대수가 되었다. 신단수는 부여 왕궁의 방이 되었다가 주몽이 쉬던 거대한 나무로 바뀌었다. 동굴은 변신과 재생의 공간으로 사용되었고, 우발수 역시 새 세상으로 나아가는 통로가 되었다. 엄리대수를 건넘으로서 주몽은 부여 땅에서 벗어났다. 신단수 밑에서 웅녀는 환웅과 직접 만났으며, 왕궁의 방에서 유화는 빛이 되어 나타난 해모수의 아이를 잉태하였다. 주몽은 거대한 나무 밑에서 새 나라 백성을 먹여 살릴 씨앗을 얻었다.

동굴, 우발수, 엄리대수는 두 세상의 경계이기도 했지만, 접점이기도 했다. 신단수, 왕궁의 방, 거대한 나무 역시 경계이자 접점이었다. 단절의 공간이기도 했고, 소통의 장소이기도 했다. 앞의 것들은 경계로서의 기능을 강하게 드러냈고, 뒤의 것들은 소통을 위해 보다 적극적으로 쓰였을 뿐이다. 어느 한쪽 세상에 속한 자에게 이런 곳은 존재하기 어려웠고, 머물고 싶지 않은 공간이었다. 실제 이와 같은 곳은 두 세상에 모두 속했거나 속하지 않은 자에게만 접근이 허용되었으며, 그런 자에게만 변신, 재생, 창조의 공간으로 기능하였다.

신라 시조 박혁거세朴赫居世의 아내가 된 알영閼英은 계룡鷄龍의 옆구리에서 태어날 당시 입이 닭의 부리와 같았다. 월성月城 북쪽 냇물에서 아이를 목욕시키니 부리가 떨어져 나가 입도 사람의 것과 같이 되었다.[9] 계룡의 아이가 닭의 부리를 지니는 것은 당연하다. 북천北川 물이 아기 계룡을 사람 아이로 바꾸는데 사용된 것이다. 냇물이 계룡의 죽음과 인간으로의 재생을 가능하게 하였다. 물이 웅녀의 동굴 역할을 담당한 셈이다. 계룡의 부리를 떨어뜨리는 과정은 '제의'의 과정이라고 할 수 있으며, 그런 점에서 용의 딸 유화의 긴 입술을 잘라내는 절차와 동일하다고 해야 할 것이다.

먼 바다를 건너 온 허황고許黃玉은 바다에서 땅으로 올라오자 곧바로 입었던 비단 바지를 벗어 산령에게 폐백으로 바친다.[10] 나루

---

[9] 『三國遺事』권1, 「紀異」제1, 新羅始祖 朴赫居世.
[10] 『三國遺事』권2, 「紀異」제2, 駕洛國記.

터에 배를 대고 땅에 오르며 허황옥이 선택한 높은 언덕은 제의를 위한 장소였고, 허황옥의 바다와 김수로왕의 가야 땅 사이의 접점이다. 허황옥은 비단바지를 벗어 자신을 대신하는 희생으로 바치고서야 김수로왕金首露王의 아내가 될 자격을 얻은 셈이다.[11] 이 제의를 통해 길고 험한 바다 여행을 이끌었던 아유타국의 왕녀는 죽고, 가야 시조의 왕비가 탄생한 것이다. 웅녀의 동굴이 여기에서도 재현되고 있다고 하겠다.[12]

고구려 주몽의 아들 유리類利는 아비 없는 자식으로 놀림을 받으며 자라다가 일곱 고개, 일곱 골짜기의 돌 위 소나무 밑에 놓여 있던 아버지의 유물, 일곱 모 난 주춧돌 위 소나무 기둥 아래 숨겨져 있던 부러진 검을 찾아냄으로써 한 나라의 왕자 될 자격을 얻는다.[13] 부여 땅에서 천대받던 한 소년이 부여와 맞먹을 수도 있는 새 나라 고구려의 왕위계승을 꿈꿀 수 있게 된 것이다. 마침내 소년 유리는 이 부러진 검을 품에 안은 채 또한 무리의 새 세상을 꿈꾸는 자들을 이끌고 아버지의 나라를 향한 여행을 시작한다.

---

[11] 일본으로 건너가 왕과 왕비가 된 延烏郞과 細烏女가 신라 사신에게 세오녀가 짠 細綃를 내주며 자신들을 대신하게 한 것도 같은 관념에서 비롯되었다고 할 수 있다. 신라에서 이 細綃를 제물로 하늘에 제사를 지내자 해와 달이 빛을 찾았다고 하는 것은 연오랑·세오녀가 자신들을 희생으로 삼아 우주 질서를 회복시키려 했고, 제의가 긍정적인 결과를 얻어내게 되었음을 뜻한다.(『三國遺事』 권1, 「紀異」 제1, 延烏郞·細烏女)

[12] 이런 점에서 熊女, 柳花, 許黃玉, 脫解의 출현과 관련된 阿珍義先 등은 모두 神母이자 司祭라고 할 수 있다.(全虎兌, 1997, 「韓國 古代의 女性」 『韓國古代史硏究』 12)

[13] 『三國史記』 권13, 「高句麗本紀」 1, 東明聖王 卽位前紀.

당시로서는 현대적 설화로 변형된 모습을 띠고 있지만 유리라는 소년의 신분을 완전히 바꾸어 놓았다는 점에서 '부러진 검'은 동굴의 재현이며, 큰 강 엄리대수를 가로질러 놓인 물고기와 자라의 다리이다. 웅녀의 동굴, 신단수 아래에서의 신혼神婚, 단군의 탄생과 건국을 기본 줄기로 삼은 고조선의 건국신화는 시간의 흐름, 공간의 변화를 겪으면서도 끊임없이 여러 종류의 한국 고대 건국신화로 재현되고 있다.

부록 3

고구려 고분벽화의 직녀도

1. 고분벽화의 직녀도

1) 덕흥리 벽화고분의 직녀도

고구려 고분벽화의 제재들은 매우 다양하다. 오늘날 우리의 눈에도 익숙한 제재가 있는가 하면 지금은 어디에서도 찾아볼 수 없는 것도 있다. 일정한 시기에 한 지역의 고분벽화에서만 자주 발견되는 것이 있는가 하면 시기와 지역에 관계없이 그려지는 벽화 제재들도 있다. 덕흥리 고분벽화의 견우와 직녀는 인구에 널리 회자되는 설화의 주인공이라는 점에서 벽화 제재로서의 표현기법과 관계없이 우리에게는 익숙한 존재이다. 대안리1호분 벽화의 직녀 역시 얼마 전까지 우리의 곁을 지켜주던 베 짜는 여인의 모습 그대로이다. 고구려 고분벽화의 제재 가운데 하나로 등장하는 이러한 존재, 견우와 직녀, 베 짜는 여인을 우리는 어떻게 해석하여야 할까. 은하수를 건넌 견우, 그 뒷모습을 바라보는 직녀, 이들 주위에 그려진 별자리와 하늘 세계의 짐승들. 왜 덕흥리 고분벽화에서는 견우와 직녀가 하늘 세계의 별자리들과 함께 그려졌을까. 베틀 앞에 앉은 채 잠시 고개를 돌려 우리에게 눈길을 주는 여인. 대안리1호분 벽화에는 왜 베 짜는 여인만 남아 있을까.

덕흥리벽화분(남포시 강서구역 덕흥동, 옛지명 : 평남 대안시 덕흥리)은 무학산 서쪽의 옥녀봉 남단 구릉 위에 자리 잡은 흙무지돌방무덤으로 1976년 발굴되었다.[1] 무덤의 방향은 남향이며, 널길, 앞방, 이음길, 널방으로 이루어진 두방무덤으로 널길, 앞방, 널방의 길이×너비×높이는 각각 1.54m×1.02m×1.43m, 2.97m×2.02m×2.85m, 3.28m× 3.28m×2.9m이다. 널방에는 관대棺臺가 놓였는데, 그 크기는 2.51m ×2.0m×0.21m이다. 앞방과 널방의 천장구조는 궁륭평행고임이다. 무덤 안에 회를 바르고 그 위에 벽화를 그렸으며, 벽화의 주제는 생활풍속이다. 앞방 안벽 상단에 14행 154자의 묵서 묘지명이 있으며, 벽화의 각 장면에는 등장하는 인물의 직명職名

---

1) 김용남, 1979, 「새로 알려진 덕흥리 고구려벽화 무덤에 대하여」,『력사과학』1979년 3기 (日譯, 1979『統一評論』175(1979.12). 辛澄惠 日譯, 1980,「新しく發掘された德興里高句麗壁畵古墳について」,『朝鮮學報』95); 박진욱.김종혁.주영헌.장상렬.정찬영, 1981,『덕흥리 고구려벽화 무덤』과학백과사전출판사(朝鮮畵報社 編, 高寬敏 日譯, 1986『德興里高句麗壁畵古墳』講談社(東京))

이나 화면에 대한 설명문이 곁에 적혀 있다. 덕흥리벽화분의 벽화 제재 및 구성 방식을 알기 쉽게 정리하면 (표1)과 같다.[2]

(표1) 덕흥리벽화분 벽화 제재의 구성과 배치

위치/방향		방위(널방 안벽을 기준으로 한 방향)				모서리	주제
		동벽(왼쪽)	남벽(앞쪽)	서벽(오른쪽)	북벽(안쪽)		
널길	천정						
	벽	동벽: 수문장, 인물, 연못		서벽: 수문장, 괴물, 인물, 나무			생활
앞방	천정	연꽃					
	고임	해,별자리(木星,飛魚五星),기금이수(飛魚,靑陽,陽燧),사냥	南斗六星,별자리(火星,南極老人星,心房六星,織女星,牽牛星),은하수,견우직녀,선인,기금이수(富貴,吉利,猩猩),사냥	달,별자리(金星,仙后五星,貫索七星),선인옥녀,기금이수(千秋萬歲)	북두칠성,별자리(土星,水星,三台六星),기금이수(地軸,天馬,天雀,辟毒,博位,賀鳥,零陽,喙遠),묘지명		하늘 세계
	벽	대행렬	행렬,막부관리,봉물	13군태수배례	무덤 주인행렬	기둥	생활풍속
이음길	천정						
	벽	동벽: 무덤 주인부인출행		서벽: 무덤 주인출행			생활풍속
널방	천정	연꽃					
	고임	장식무늬,두공,도리,보,활개	장식무늬,두공,도리,보,활개	장식무늬,두공,도리,보,활개	장식무늬,두공,도리,보,활개		하늘 세계
	벽	연못,칠보공양	연못,마구간,외양간	마사희,누각,고상창고,말,마부	무덤 주인,시종,우교차	기둥	생활풍속

---

2) 박진욱.김종혁.주영헌.장상렬.정찬영, 1981, 위의 책, 과학백과사전출판사(朝鮮畵報社 編, 高寬敏 日譯, 1986, 위의 책, 講談社(東京))

(표1)에서 잘 드러나듯이 덕흥리벽화분 앞방과 널방의 벽과 고임은 생활풍속 및 하늘 세계와 관련한 제재들로 가득하다. 특히 앞방 고임에 그려진 별자리와 신화적인 존재들은 당시 사람들이 믿고 있던 하늘 세계의 모습이라는 점에서 연구자의 눈길을 끌어당긴다.

특히 흥미로운 존재는 앞방 고임에 등장하는 하늘 세계의 사람들이다. 견우와 직녀를 포함한 선인, 옥녀 6인이 고임 서측과 남측에 3인씩 나누어 표현되었는데, 견우, 직녀와 달리 선인, 옥녀는 하늘 세계를 날아가는 모습으로 그려졌다. 고임 서측의 경우 달 아래 표현된 선인仙人 1인은 오른손에 연지蓮枝를, 왼손에 종幢을 쥔 채 왼편을 향해 날고 있으며, 선인의 뒤를 따르는 옥녀玉女는 오른손에 연봉蓮蓬을, 왼손에 번幡을 쥐고 역시 같은 방향으로 날아간다. 이 옥녀 아래에서 역시 왼편을 향해 날고 있는 또 다른 옥녀는 두 손으로 盤을 받쳐 들었다. (그림1) 고임 남측 남두육성南斗六星 앞의 선인도 왼손에 연지를 쥔 채 왼편을 향해 날고 있는데, 머리에는 관冠을 썼다. 이 선인 아래에는 고임 왼편 위 모서리에서 오른편 아래 모서리에 걸쳐 대각선 방향으로 은하銀河가 표현되었는데, 은하를 경계로 그 좌우, 곧 동편과 서편에 견우와 직녀가 그려졌다. 견우는 이미 은하를 건너 소를 끌며 갈 길을 가는 듯한 자세이고, 은하 이편의 직녀는 하늘 세계의 큰 강 곁에 선 채 떠나는 견우의 뒷모습을 바라보는 듯하다. (그림2)

(그림1) 덕흥리벽화분 앞방 천장고임 서쪽 벽화 **선인과 옥녀**

(그림2) 덕흥리벽화분 앞방 천장고임 남쪽 벽화 **견우와 직녀**

2) 대안리1호분의 직녀도

대안리大安里1호분(남포시 대안구역 은덕동, 옛지명 : 평남 용강군 대안리, 평남 대안시 대안로동자구)은 흙무지돌방무덤으로 1958년 학계에 보고되었다.[3] 무덤방향은 동쪽으로 5° 치우친 남향이며, 널길, 천장에 의해 셋으로 나뉜 장방형 앞방, 이음길, 널방으로 이루어진 두방무덤이다. 널길, 앞방, 이음길, 널방의 길이×너비×높이는 각각 1.3m×1.28m×1.34m, 4.39m×1.92m×2.36~2.48m, 1.2m×1.34m, 3.28m×3.32m×3.84m이다. 앞방 오른칸과 왼칸의 천장구조는 삼각고임이며, 가운데 칸은 평천장으로 마무리되었고, 널방 천장은 8각고임으로 처리되었다. 무덤 안에 회를 바르고 그 위에 벽화를 그렸는데, 벽화의 주제는 생활풍속과 사신四神이다. 대안리1호분의 벽화 제재 및 구성 방식을 알기 쉽게 정리하면 (표2)와 같다.[4]

(표2)에서 알 수 있듯이 대안리1호분 벽화는 백회가 떨어져 나간 부분이 많아 고임에 어떤 그림이 그려졌는지 거의 알 수 없다. 베 짜는 여인은 널방 앞벽 왼편 벽 위쪽, 곧 남벽의 동측 벽 위 부분에 그려졌다.[5] 여인은 베틀 앞에 앉아 베를 짜는 자세를 취한 채 고

---

[3] 과학원고고학및민속학연구소, 1958, 「대안리1호벽화무덤」『낙동강및재령강류역고분발굴보고』(『고고학자료집』2) 과학원출판사.

[4] 조선유적유물도감편찬위원회편, 1990, 『조선유적유물도감』6(고구려편4) pl.137~160.

[5] 과학원고고학및민속학연구소, 1959, 앞의 글 『낙동강및재령강류역고분발굴보고』(『고고학자료집』2) 과학원출판사, 7쪽의 널방 남벽에 관한 설명 및 도판ⅩⅧ에는 베 짜는 여인

(표2) 대안리1호분 무덤 구조와 벽화 구성

편년	벽화 주제	널길	앞방						이음길	널방					
			앞벽(남벽)	왼벽(남벽)	오른벽(남벽)	안벽(남벽)	천장고임	천정		앞벽(남벽)	왼벽(남벽)	오른벽(남벽)	안벽(남벽)	천장고임	천정
5세기중	생활풍속, 四神	?	행렬, 사냥	행렬	행렬	행렬	?	?	수문장	織女 주작	해, 인물, 청룡	달, 인물, 백호	무덤주인, 현무	?	?

개를 돌려 널방 안쪽을 바라보며 미소 짓는 모습이다. (그림3) 눈길을 끄는 것은 벽화가 남아 있지 않아 알 수 없으나, 베 짜는 여인이 남벽의 동쪽 벽 위 부분에 그려졌고 아래 부분에 주작朱雀 한 마리가 묘사되었다는 점이다. 이로 보아 만일 이 여인이 설화상의 직녀를 나타낸 것이라면,[6] 남벽의 서쪽 벽화도 이에 대응되는 구성을 보였을 가능성이 있다는 사실이다. 즉 서쪽 벽의 위 부분에는 소를

의 그림이 '동측'에 배치되었음을 제대로 밝히고 있으나, 이후 출간되는 북한 측 도록의 도판 설명에서는 '서측'으로 誤記하고 있다. 국내 외의 벽화관계 도록이나 안내서에서 이러한 오류를 답습하는 경향이 있어 여기에서 바로잡는다.

[6] 직녀성의 자리는 은하수를 기준으로 할 경우, 은하수의 서쪽이다. 그러나 음력 10월에는 새벽에 동쪽 하늘에 모습을 드러내므로 東橋로 불리는 별자리이기도 하다.(織女一名東橋…織女 十月晨見東方 赤精明 女工善 不精明 女工惡『開元占經』引郝萌說)

끄는 남자, 곧 견우를 배치하고, 아래 부분에는 주작을 나타냈을 수 있다는 것이다.

　이미 5세기 중엽 경에 고구려 고분벽화에서 중심주제로 사신이 떠오르는데, 이 경우 주작은 널방 앞벽 좌우에 암수가 나뉘어 그려지는 것이 상례이다.[7] 이 점을 고려한다면 대안리1호분 널방 앞벽의 서쪽 벽 아래 부분에 배치될 제재로 주작 외에는 생각하기 어렵기 때문이다. 또한 견우직녀의 경우, 위의 덕흥리벽화분 견우직녀도에서도 확인할 수 있듯이 은하를 경계로 그 좌우 편에 나뉘어 배치된다. 화상석이나 벽화에서 은하의 동편에 견우, 서편에 직녀를 묘사하는 것은 견우성과 직녀성의 위치가 각각 은하의 동편과 서편이라는 천문관측상의 사실에서 비롯됨을 감안하면,[8] 대안리1호분 벽화의 경우, 견우의 위치에 직녀가 자리 잡은 셈이 된다. 그러나 앞벽 좌우의 벽면 아래 부분에서 주작이 쌍을 이루어 마주보는 상태였을 것을 감안하면 서측 벽의 위 부분에 견우가 그려졌을 가능성을 배제하기 어렵다.

---

7)　전호태, 1993,「고구려의 오행신앙과 四神圖」『國史館論叢』48.

8)　出石誠彦, 1928,「牽牛織女說話の考察」『文學思想硏究』8(1973,『支那神話傳說の硏究』中央公論社)

(그림3) 대안리1호분 널방 남벽 동쪽 벽화 **직녀**

2. 견우직녀설화와 한~남북조

1) 견우직녀 설화의 성립과 전개

견우, 직녀가 언급된 가장 이른 시기의 기사는 『시경』에 보인다. 대동편大東篇에 등장하는 견우, 직녀는 은하 근처에서 빛나는 별자리이자, 베를 짜고 수레를 끌어야 하는 인간세상의 남녀에 대한 상념이 투사되는 존재이다.[9] 별자리인 견우, 직녀의 인격화를 내다

---

9) 維天有漢 監亦有光 跂彼織女 終日七襄 雖則七襄 不成報章 睆彼牽牛 不以服箱 『詩經』「大東」

보게 하는 구절인 셈이다.

(그림4) 중국 산동 효당산사당 한화상석 **견우직녀**

별자리로 강하게 인식되던 견우, 직녀가 한대漢代에는 보다 인격화된 존재로 문헌에 나타난다.10) 물론 두 존재가 은하 좌우에 자리잡은 별자리라는 인식은 바탕에 깔려 있는 상태에서 진행된 인격화의 결과이다. 따라서 두 존재는 별자리가 사람의 모습으로 표현된 상태, 곧 별자리 신으로서 인간 세상에 모습을 드러내고 있는 것이다.(그림4) 한대 문헌과 화상畵像에 보이는 별자리 신으로서의 견우, 직녀에 대한 인식과 관련하여 눈길을 끄는 것은 전한前漢 무제武帝 때에 수도 장안長安의 궁궐 안에 조성하였다는 곤명지昆明池에 대한 반고班固의 언급이다.11) 무제의 명에 따라 곤명지를 만들고 그 좌우에 견우, 직녀의 석상石像을 세웠다는 이야기는 근래 고고학적

---

10) 若夫眞人 則…臣雷公 役夸父 妾宓妃 妻織女…『淮南子』「俶眞訓」
11) 集乎豫章之宇 臨乎昆明之池 左牽牛而右織女 似雲漢之無涯『文選』班固 作「西都賦」

발굴을 통해 그 사실이 확인되기도 하였는데,[12] 실제 견우, 직녀 별자리에 대한 이해방식을 포함한 이 시대 천문 인식의 특징을 매우 잘 드러낸다고 할 수 있다. 이른바 천인감응설天人感應說에 입각한 통치 질서의 수립과 전개이다.[13]

『한서』에도 기재되어 있듯이 곤명지는 일단 한과 인도 사이의 교통을 막던 곤명국昆明國을 치기 위한 수전水戰 연습용 못으로서의 기능도 지니고 있었지만,[14] 다른 한편으로는 반고의『서도부西都賦』에 대한 오연제吳延濟의 주注에서도 언급되었듯이 천하天河, 곧 밤하늘의 은하를 상징하는 존재이기도 하였다.[15] 못 가에 세워진 견우, 직녀 석상이 곤명지의 상징성을 확인시켜주는 증거였다고 하겠는데, 오히려 여기에서 흥미로운 것은 곤명지 좌우에 서 있던 견우, 직녀 석상이 지닌 상징성이다. 장횡張衡은『서경부西京賦』에서 견우, 직녀 석상이 세워진 곳과 해와 달이 출입하는 부상扶桑과 몽사濛汜를 나란히 대비시키며 노래하고 있기 때문이다.[16] 일반적으로 이 시

---

[12] 湯池, 1979,「西漢石彫牽牛織女辨」『文物』1979年3期

[13] 金春奉, 1985,『漢代思想史』중국사회과학출판사(北京)

[14] 元狩三年(기원전 120년) 發謫吏穿昆明池…臣讚注 西南夷傳 有越雟昆明國 有滇池 方四百里 漢使求身毒國 而爲昆明所閉 令欲伐之 故作昆明池象之 以習水戰 周圍四十里『漢書』「武帝紀」

[15] 豫章館名也 言集此館 武帝鑿昆明池作牽牛織女於左右 以象天河 言廣大猶雲漢無涯際『文選』班固 作「西都賦」吳延濟注

[16] 豫章珍館揭焉 中峙牽牛立其左 織女處其右 日月於是乎出入 象扶桑與濛汜『文選』張衡 作「西京賦」

기에 해와 달이 음과 양의 기운을 대표하는 존재로 이해됨을 고려
하면, 견우와 직녀라는 존재에 음양설陰陽說에 바탕을 둔 우주론적
관념이 겹쳐지고 있음을 미루어 짐작할 수 있다. (그림5)[17] 별자리
신인 견우, 직녀가 음陰과 양陽의 기운을 상징하는 존재로 인식된다
면, 이제 두 신이 현실세계의 남녀처럼 맺어질 수 있는 인격으로 상
정되는 것은 시간문제이다.

실제 후한 말기에 이르면 견우, 직녀는 은하를 사이에 두고 서로
를 그리워하는 남녀처럼 인식된다. 작자가 전하지 않는 고시십구
수古詩十九首 가운데 '초초견우성迢迢牽牛星'으로 시작되는 시에서 별자
리 신 직녀는 견우를 그리워하는 마음 때문에 눈물을 주체하지 못
하는 여인으로 그려지고 있다.[18] 후에 위魏 문제文帝로 등극하는 조
비曹丕의 『연가행』,[19] 조조曹操의 셋째 아들 조식曹植의 『영직녀』[20] 등
의 시에는 현실 세계의 여인을 주인공으로 등장시키면서 그 바탕

---

17) 사천지역 漢代 석관화상 가운데에는 용호희벽 장면과 견우직녀상이 한 화면에 표현된 사례가 종종 발견된다. 용호희벽이 음양조화를 통한 우주적 질서의 재현이라는 관념을 담고 있음을 고려할 때, 함께 등장하는 견우, 직녀 역시 음과 양의 조화라는 화면상의 큰 주제를 확인시켜주는 존재라고 보아야 할 것이다.

18) 迢迢牽牛星 皎皎河漢女 纖纖出素手 札札弄機杼 終日不成章 涕泣零如雨 河漢淸且淺 相去復幾許 盈盈一水間 脈脈不得語 『文選』古詩十九首「迢迢牽牛星」

19) …明月皎皎照我床 星漢西流夜未央 牽牛織女遙相望 爾獨何辜限河梁 『文選』「燕歌行」

20) 西北有織婦 綺縞何繽紛 明晨秉機杼 日昃不成文 太息終長夜 悲嘯入靑雲 妾身守空閨 良人行從軍… 『文選』「詠織女」

(그림5) 중국 사천 비현 한석관화상 용호희벽龍虎戱壁 中 **견우직녀**

에 견우, 직녀의 안타까운 사랑에 관한 인식을 담은 내용이 나타난다. 이미 이 시기에는 견우직녀설화가 모양을 갖춘 상태로 민간에 널리 퍼졌음을 짐작하게 하는 작품들이다.

  부부의 인연을 맺었던 견우, 직녀가 은하를 사이에 두고 지내며 매년 7월 7일 한 차례만 만날 수 있게 되었다는 견우직녀 설화의 기본 줄거리가 늦어도 조위시대曺魏時代에는 틀을 갖추고 민간에 유포되고 있었던 것으로 보인다. 『문선』에 실린 조식의 『낙신부洛神賦』에 이선李善이 주를 달면서 조식의 『구영』 주를 인용하고 있는데, 여기에 견우직녀 설화의 기본 줄거리가 제시되고 있기 때문이다.[21]

  진대晉代부터는 견우직녀 설화에서 두 남녀가 7월 7일에 은하에

---

21) 曹植九詠注…牽牛爲夫 織女爲婦 織女牽牛之星 各處河之傍 七月七日乃得一會 『文選』 曹植 作「洛神賦」 李善注

서 만난다는 부분이 강조되고 부연되는데,[22] 견우, 직녀에 대한 인식의 전개와 관련하여 눈길을 끄는 흐름이다. 남녀의 구체적인 만남에 대한 관심이 하늘 세계의 존재인 별자리 신으로서의 견우, 직녀에 대한 관념의 퇴색으로 이어지는 한편, 견우직녀 설화의 주인공들이 지상 세계와 더욱 가까워지는 계기를 마련해 주는 방향으로 작용할 가능성이 높기 때문이다.

견우, 직녀를 지상의 존재와 연관시키거나, 주인공들 가운데 일부를 지상의 존재로 이해하려는 움직임은 이미 진대의 문헌에서부터 확인된다. 장화張華가 『박물지』에서 한 사람의 경험담을 전하는 형식으로 '천하天河와 바다가 서로 통한다.'는 인식이 진대에 성립해 있었음을 확인시켜 주고 있는데,[23] 견우의 인간화를 예견하게 한다. 바다를 통해 은하에 이를 수 있다는 인식은 인간 견우가 하늘로 올라가 천궁의 직녀를 만난다는 후대의 민간 고사 출현의 첫 고리인 셈이다.

그러나 여기에서 주의할 것은 비록 시간의 흐름에 따라 견우직녀 설화 주인공들의 인간화는 계속 진행되지만, 적어도 남조南朝의

---

22) 梁의 宗懍이 집성한 『荊楚歲時記』에서 언급되는 傅玄(217~278, 傅玄擬天問日…七月七日牽牛織女會於天河 『荊楚歲時記』)의 「擬四愁詩四首」를 비롯하여 李充의 「七月七日」 蘇彦의 「七月七日詠織女」등의 詩에서 이에 대한 직접적, 혹은 간접적인 어구들을 찾아볼 수 있다.

23) 舊說云 天河與海通 近世有人居海渚者 年年八月有浮槎去來不知期…後至蜀問君平日 某年月日 有客星犯牽牛宿 計年月正是此人到天河時也『博物志』

양대梁代에 이르기까지 별자리 신으로서의 견우, 직녀에 대한 인식은 여전하다는 사실이다.[24] 이러한 흐름은 견우, 직녀라는 존재에 투사된 신화적 관념이 현실 세계에서의 필요에서 비롯되었고, 별자리 신으로서의 견우, 직녀에 대한 인식이 현실 세계에 여전히 유효한 기능과 역할을 담당하고 있었기 때문일 것이다. 그러면 이 신화적 관념은 현실 세계의 어떠한 필요에서 출발하였을까.

---

[24] 梁 吳均의 『續齊諧記』에 소개된 「桂陽城武丁故事」 중에도 여전히 '七月七日織女渡河 暫詣牽牛'와 같은 구절이 나타난다. 직녀가 견우를 만나기 위해 건너는 큰 강이란 당연히 하늘 세계를 가로질러 흐르는 天河이다.

2) 견우, 직녀 인식과 사회

견우, 직녀에 대한 인식이 농경사회의 전개 과정과 밀접한 관련이 있을 것이라는 추정은 오래 전부터 제기되었다. 그러나 견우, 직녀라는 존재가 상정되고, 이들이 은하 좌우 별자리의 신으로 자리 잡는 과정에 대한 이해 방식은 연구자들 사이에 조금씩 차이가 있다. 근래의 이해 방식을 중심으로 견우, 직녀 인식의 성립 및 전개 과정이 현실사회의 변화와 어떠한 대응 관계를 맺고 있는지 살펴보기로 하자.

『사기史記』「천관서天官書」에 따르면 견우는 희생용 소이다.[25] 『좌전』 희공僖公 33년 조에 보이는 '견牽' 자에 대해 두예杜預 주에도 '견은 생생生牲, 곧 생축牲畜이다.[26] 견우의 본래 뜻이 생우牲牛, 즉 제사에 쓰이는 희생용 소라는 사실이 당대唐代의 고문헌 주석에서 재확인되고 있는 셈이다. 그런데 여기에서 유의해야 하는 것은 고대사회에서는 제사에 쓰이는 희생물이 종교적 숭배의 대상으로도 여겨졌다는 사실이다.[27] 중국 고대사회에서 희생용 소인 견우가 신앙의 대상으로도 여겨졌을 가능성을 염두에 두게 하는 부분이다. 실제 은대殷代에 성행한 골복骨卜의 재료로 흔히 우골牛骨이 사용된 데

---

25) '牽牛爲犧牲, 其北河鼓…'『史記』「天官書」

26) 是脯資餼牽竭矣…注 牲腥曰餼 牲生曰牽『左傳』僖公33年條 杜預 注.

27) 中村喬, 1982, 「牽牛織女私論および乞巧について-中國の年中行事に關する覺え書き-」『立命館文學』439.440.441.

에서 이미 소를 신성시하던 시대관념을 읽을 수 있다. 우두인신牛頭人身의 형상을 한 존재를 농사의 신인 신농神農으로 상정하고, 신농을 창조와 질서를 담당한 복희, 여왜와 함께 삼황三皇의 하나로 자리매김한 데에서 알 수 있듯이 중국 고대사회에서 소를 신성시하고 더 나아가 숭배의 대상으로 여긴 흔적은 곳곳에 남아 있다. 견우라는 신의 출현을 가능하게 하는 관념적 기반이 일찍부터 중국 고대사회에 넓게 마련되어 있었던 셈이다.

희생용 소였던 견우가 인격적 존재로 바뀌는 것은 중국 고대사회에서 진행되는 농경 기술상의 발전과 관련이 깊은 것으로 이해되고 있다.[28] 춘추전국시대에 철제농기구가 개발 및 보급되고, 이 농기구들 가운데 새롭게 등장하는 대형의 쟁기를 사람이 아닌 짐승, 특히 소와 같은 힘 센 가축이 끌게 하면서 소에 대한 인식이 새로워졌기 때문으로 보고 있다. 희생용으로 주로 쓰이던 소가 농경에 필수적인 존재로 인식되게 된 것이다.

신성시되던 소가 쟁기를 끌며 밭을 가는 역할을 담당하게 되고, 사람은 소에 멍에를 씌우고 소를 이리저리 몰아가며 쟁기를 끌게 하는 존재가 되었다. 이제 소를 부리는 모습은 일상의 한 장면으로 자리 잡게 된 것이다. '견우랑牽牛郞', 곧 소를 부리는 사람이라는 개념이 성립할 현실적 근거가 생긴 셈이다. 우경牛耕이 널리 보급되어

---

[28] 王孝廉, 1987,「牽牛織女的傳說-古代的 星辰信仰」『中國的神話世界』下冊下篇 第5章, 時報出版公司(臺北); 洪淑苓, 1988,『牛郎織女研究』學生書局(臺北)

일상화되는 한대에 사람의 모습을 한 견우의 석상이 등장하는 것도[29] 이와 같은 사회적 흐름과 관련이 깊다고 할 수 있다. 견우의 인격화 자체가 시대 변화의 산물이라는 측면을 강하게 지니고 있는 것이다.

견우가 희생용 소에 기원을 둔 존재라면, 직녀는 베라는 직물의 원천인 '뽕나무'를 관장하는 여신에 대한 신앙에서 파생된 존재라고 할 수 있다.[30] 뽕나무의 잎이 누에에 의해 실의 원재료로 바뀐다는 사실을 고려하면, 중국 고대사회에서 뽕나무가 지니는 현실적인 가치는 대단히 컸을 수밖에 없다. 고대사회에서 지대한 현실적 가치를 지닌 존재에 신화적 외피를 덧씌운 사례를 발견하기는 쉽다. 그렇다면 중국 고대사회에서 뽕나무와 관련한 신화적 사고가 나타나 펼쳐져 나갈 것이라는 사실은 쉽게 예견할 수 있다. 고대사회에서 일반적으로 발견되는 땅과 하늘을 잇고, 원초적 생명의 기운을 담는 신성한 나무에 대한 신앙이 대지모신大地母神에 대한 보편적 신앙을 바탕으로 출현하였을 가능성을 고려하면,[31] 직녀 관념의 뿌리를 어디에서 찾아야 할지는 명확해진다고 하겠다.

뽕나무에 대한 신앙의 흔적은 중국 고대사회의 신화와 전설에

---

29) 湯池, 1979, 앞의 글 『文物』 1979年 3期
30) 洪淑苓, 1988, 앞의 책, 學生書局(臺北)
31) 생명의 기원이 되는 신성한 나무와 음양분리 이전의 原始母神의 기원적 동일성에 대한 인식은 보편적으로 확인된다.(쟈크 브로스 지음, 주향은 옮김, 1998 『나무의 신화』 이학사)

서 광범위하게 발견된다. 부상扶桑이나 약목若木의 정체가 뽕나무라는 사실은 이미 상식에 속한다.[32] 물과 함께 생명의 출현과 성장에 없어서는 안 될 빛의 원천, 곧 해가 머무르는 곳으로 거대한 뽕나무가 상정되고 있는 데에서 중국 고대사회에서 뽕나무에 대한 신앙이 지니는 의미와 가치가 어느 정도에 이르는지를 가늠할 수 있다. 중국 고대사회에서는 신성한 나무에 대한 일반적인 신앙 내용 대부분이 뽕나무라는 특정한 수종에 집중되어 있는 것이다. 이는 결국 중국 고대사회에서 뽕나무에 바탕을 둔 산업이 지니는 사회경제적 비중과 역할이 지대했던 데에서 비롯된 현상이다. 그렇다면 뽕나무를 관장하는 여신과 별자리 신 직녀, 현실세계의 베 짜는 여인 사이에는 어떠한 관계가 성립하는 것일까.

견우 관념의 성립이 중국 고대사회에서의 농경 기술상의 발전과 일정한 함수관계를 지니고 있듯이 직녀 인식의 전개 역시 중국에서의 직조 행위에 대한 인식 및 직물 산업 발전의 과정과 밀접한 관련이 있는 것으로 보아야 할 것이다. 먼저 주의를 기울일 부분은 중국 고대사회에 직조 행위가 지니는 사회적 의미와 이에 대한 신화적 인식이다. 뽕나무가 숭배된 이유가 직조를 가능하게 하는 존재인 데에 있듯이, 직조 행위의 결과물인 의복이 고대사회에서 신앙적 의미와 기능을 지닌 존재로 인식됨을 감안하면 의복을 출현시키는 직조 행위 역시 신화적 인식의 대상이 될 수밖에 없다. 그

---

[32] 家井眞, 1979, 「牽牛織女相會傳說起源攷」 『二松學舍大學論集』.

렇다면 직조 행위를 담당하는 인물도 이와 관련된 신화적 인식의 전개와 무관할 수 없게 되는 것이다.

전국시대戰國時代 중국의 일부 지역에서 하신河神에 제사를 지낼 때에 '하신에 시집간다.'는 명목으로 여인이 제물로 바쳐진 사례,[33] 일본 고대사회에 큰 강의 지류의 신에게 시집갈 처녀를 마을에서 뽑은 뒤 처녀로 하여금 임시로 지은 건물에서 지내면서 신에게 바칠 새 옷을 짓게 하는 풍습이 있었다는 사실,[34] 기원이 오랜 일본의 신사神祠에서는 신혼神婚을 상정한 폐백幣帛 행사가 정기적으로 행해지는 점[35] 등을 함께 고려할 경우, 신에 대한 제의와 관련하여 신의神衣와 같은 특별한 의복을 짜는 여인을 단순한 직인으로 보기는 어렵다.[36] 이른바 '신의'를 짜는 여인은 신비스러운 의식의 중심적 역할을 담당하게 된다는 점에서 그 자신이 신앙의 대상이 될 수 있기 때문이다.[37] 하신에 대한 제사가 순조로운 농경과 풍요한 수확을

---

33) 『史記』「滑稽列傳」西門豹傳에 소개된 고사.

34) 折口信夫, 1929, 「たなばたと盆祭りと」『民俗學』1卷1號(1975『折口信夫全集』3, 中公文庫)

35) 이와 관련하여 일본의 『大寶令』 및 『養老令』의 神祇와 관련된 규정들 가운데 4월 및 9월에 행해진 伊勢神宮의 神衣祭에 대한 내용들은 눈여겨볼 필요가 있다.

36) 中村喬, 1982, 앞의 글 『立命館文學』 439.440.441.

37) 『日本書紀』에 등장하는 天照大神은 그 자신이 신전에 제사 지내는 데에 쓰일 신의를 짜는 존재였다.(『日本書紀』「神代」上, 第7段 本文); 또한 細烏女가 짠 細綃로 하늘에 제사를 지내니 日月이 광채를 찾았다는 『三國遺事』「紀異」一, 延烏郞.烏女條 기사는 세오녀가 일본에 건너가 왕비가 되었음을 고려할 때, 제사용 비단을 짠 직인이 특별한 존재로 인식되었음을 확인시켜주는 좋은 사례이다. 首露王과 결혼하기 위해 바다를 건너온 許皇玉이 자신이 입었던 비단바지를 벗어 山靈에게 제사 지냈다는 『三國遺事』 소인 『駕洛國記』의 기사 역시

위한 농경 의례의 일부로 행해지는 것이라면 더욱 그러기 쉽다. 중국 고대사회에서 농경과 방직은 사회 운영의 두 축과 같은 존재였기 때문이다. 뽕나무를 관장하는 여신에 대한 신앙이 현실 세계의 베 짜는 여인에게 투영될 계기가 의례의 일부로 신의를 직조하는 행위를 통해 마련되고 있는 셈이다.

별자리 신의 하나로 직녀가 널리 신앙 대상이 되는 현상과 관련하여 관심을 두어야 하는 것은 춘추전국시대에도 상당한 진전을 보았지만, 진한대秦漢代에 급격한 발전을 이루는 중국의 직물산업이다. 『한서』의 기록에 따르면 한대에 이르러 직물 산업이 크게 번창하면서 일부 지역에서는 여자 직공들이 한 달 내내 밤낮을 가리지 않고 직조에 내몰리는 경우도 있었다고 한다.[38] '걸교乞巧'라는 습속을 낳게 하는 원인으로도 거론되는[39] 이러한 직물 산업 현장에서의 상황이 별자리 신으로서의 직녀에 대한 신앙의 확산에 큰 영향을 주었을 것이다. 특히 직물 산업의 번창을 사실상 주도하던 국가의 관심도 직녀 신앙의 민간 유포에 상당한 역할을 담당했을 가능성이 높다. 전한 무제 때에 세워졌다는 곤명지 곁의 직녀 석상 역시 이러한 사회적 흐름, 국가의 의도 및 역할과 관련하여 이해될 필

許皇玉의 특별한 위상을 고려할 때 위의 기사와 연계될 수 있는 흥미로운 자료의 하나라고 하겠다.

38) 冬民餓入 婦人同港 相從夜績 女工一月得四十五日…注 服虔日 一月之中 又得夜半爲十五日 凡四十五日也 『漢書』 「食貨志」

39) 家井眞, 1979, 앞의 글 『二松學舍大學論集』

요가 있으리라. 의례를 통해 현실 세계의 베 짜는 여인에게 투영되었던 여신 관념이 별자리 신 직녀에 대한 인식으로 정리되면서 이제 직녀는 베 짜는 여인의 표상이자 신앙의 대상으로 자리 잡게 된 것이다.

3. 직녀도와 고구려 사회

현재까지 전하는 고구려에 관한 문헌 기록에 견우와 직녀는 등장하지 않는다. 적어도 기록상으로는 고구려에 견우직녀 설화가 알려졌는지 여부를 알 수 없는 것이다. 그러나 견우직녀 설화가 농경, 방직을 축으로 삼은 사회의 산물임을 고려할 때, 농경과 방직을 산업의 기반으로 삼고 있던 고구려 사회에 이 설화가 전래, 수용, 유포될 여지는 충분히 마련되어 있었다고 하겠다. 문제는 고구려가 외부로부터 이러한 형태의 설화를 받아들인다면 언제, 어떤 형태의 것을 어떠한 방식으로 받아들이며, 소화해 나가는가, 이 일련의 과정에서 기준으로 작용하는 신화적 인식과 문화적 전통은 어떠한 것인가이다. 5세기 고분벽화에 보이는 견우직녀도는 이러한 면과 관련하여 면밀하게 검토될 필요가 있다.

견우, 직녀가 농경 및 방직과 관련한 신앙의 대상으로 자리매김 된 점을 염두에 두고 고구려인의 신앙 세계를 살펴볼 경우, 먼저 떠올릴 수 있는 신앙대상은 등고신登高神 주몽과 부여신扶餘神 유화이다.[40] 『삼국사기』 등에 소개된 주몽 설화에 따르면 시조 주몽은 천재天帝 해모수와 하백河伯의 딸 유화 사이에서 난 신의 아들이다.[41] 천제 해모수가 해신으로 자신의 속성을 드러내고, 유화가 큰 강을 다스리는 신 하백의 딸로 수신水神으로서의 속성을 지닌 존재임을 고려할 때, 고구려인에게 주몽은 빛과 물의 속성을 동시에 구현한 자, 생명의 생멸과 순환에 관여할 능력을 지닌 자로 인식되었음을 알 수 있다.[42] 설화에서 해모수는 주몽의 출생에 관여하는 정도에서 자신의 역할을 마감하고 하늘 세계로 돌아간다. 지상 세계에 남아 설화를 이끌어나가는 존재는 주몽과 그의 어머니 유화이다.

그런데 농경 및 방직과 관련하여 주몽 설화에서 눈길을 끄는 부분의 하나는 유화의 농경신적 성격이다. 주몽이 부여왕 금와金蛙의 아들들의 압박을 피하여 무리를 이끌고 남으로 내려올 때, 어머니 유화가 아들에게 전하는 것이 오곡의 씨앗이다. 물고기와 자라가 만든 다리 덕에 강을 건너 부여의 추격자들을 따돌린 끝에 큰 나무 밑에서 쉬던 주몽이 비둘기의 목에 넣어진 오곡의 씨앗을 넘겨

---

40) 敬信佛法 尤好淫祀 又有神廟二所 一日夫餘神 刻木作婦人之像 一日登高神 云是其始祖夫餘神之子 竝置官司 有人守護 蓋河伯女與朱蒙云 『周書』異域列傳; 『北史』列傳의 高句麗傳에도 같은 내용이 실려 있다. 부여신의 해석과 관련하여서는 전호태, 1992, 「고구려 고분벽화의 해와 달」 『美術資料』 50 참조.

41) 이와 관련한 자료들은 홍기문, 1964, 『조선신화연구-조선사료고증』 사회과학원출판사(1989, 지양사 재출간)에 일괄 정리되어 있다.

42) 전호태, 1997, 「신화와 제의」(한국역사연구회, 『한국사상사의 과학적 이해를 위하여』 청년사)

받는 모습에서 농경의례를 주재하는 사제로서의 주몽을 짚어낼 수 있다면, 비둘기를 전령 삼아 오곡의 씨앗을 전하는 유화에게서는 곡령신穀靈神 겸 농경의 풍요를 보장하는 대지모신大地母神에 대한 신앙을 짚어낼 수 있다.[43] 또한 주몽이 곡식 씨앗을 넘겨받는 큰 나무에서 하늘사다리이자 생명 씨앗의 통로로서 신성한 나무에 대한 고구려인의 신앙도 함께 읽어낼 수 있다. 결국 주몽 설화에 담긴 이러한 신앙 세계가 후에 부여신과 등고신에 대한 신앙으로 정리되고, 정기적인 동맹제의東盟祭儀로 재현된다고 하겠는데, 이들 신앙과 제의의 중심에 풍요, 다산에 대한 소망이 자리 잡고 있음을 유의해야 할 것이다. 고구려에 일찍부터 영성靈星 및 사직社稷에 대한 신앙이 있었다는 기록 등을 함께 고려할 때,[44] 고구려 사회에 농경의례에 바탕을 둔 외부의 설화나 신앙체계가 받아들여질 사회적, 신화적 공간이 구체적으로 존재함을 알 수 있다.

방직과 직접 관련된 설화는 전하지 않지만, 고구려에서 일찍부터 직물 생산이 이루어졌음은 문헌기록으로 확인 가능하다. 건국 초기부터 국가의 수취 항목에 비단과 베를 포함시키고 있음이 『주서』 등에 전하기 때문이다.[45] 또한 고구려가 건국 후 오래지 않아

---

43) 위의 글.

44) 於所居之左右立大屋 祭鬼神 又祀靈星.社稷『三國志』魏書 東夷傳;『後漢書』東夷列傳에도 같은 내용이 보인다. 전호태, 1992, 앞의 글『美術資料』50 참조.

45) 『周書』異域列傳,

영향권 안에 포함시키는 동예東濊 등에서 직물의 생산이 이루어졌다는 기사,[46] 2세기 초 차대왕 대에 고구려가 한漢의 생구生口에 대한 대가로 현토군玄兎郡에 겸시縑布를 보낸 사실 등은[47] 이미 연구자에 의해서도 여러 번 언급되었다.[48] 더욱이 건국 시조 주몽이 졸본부여卒本夫餘로 내려오는 길목에 만난 세 사람에 대한 『삼국사기』 기사가 암시하듯이 직물의 염색 역시 비교적 널리 이루어지고 있었을 가능성이 높다.[49]

4세기 후반부터 적극적으로 시도되던 남방 경영 역시 이미 2세기 말경 존재를 드러내는 대동강 이남 지역, 특히 한예韓濊로 통칭되던 대방군帶方郡 남쪽 지대 토착민들이 이룬 직조업의 전통과 인력, 기술을[50] 고구려의 산업체계 안에 편입시켜 고구려 자체의 직물 산업을 확대, 발전시키는 한 계기로 작용하였을 것이다. 『수서』에 수취 항목의 하나로 등장하는 세포細布[51]도 이 시기 이후 고구려

---

46) 有麻布 蠶桑作綿『三國志』「魏書」東夷傳 濊條.

47) 『後漢書』「東夷傳」高句麗傳.

48) 이에 대한 적극적인 정리로는 박남수, 1993, 『신라수공업사 연구』(동국대학교 박사학위논문) 참조.

49) 『三國史記』『高句麗本紀』始祖東明聖王卽位年條에 등장하는 재사, 무골, 묵거가 입고 있었다는 삼베옷, 검은옷, 마름옷 가운데 검은옷과 마름옷은 염색된 삼베옷일 가능성이 크다.(조선기술발전사편찬위원회 편, 1996, 『조선기술발전사』2, 과학백과사전종합출판사)

50) 『三國志』「魏書」東夷傳의 韓傳 所引『魏略』의 廉斯鑡說話에 韓이 樂浪에 '弁韓布萬五千匹'을 주었다는 기사가 실려 있는 점에 대해 다시 한 번 관심을 모을 필요가 있다.

51) 人細布五匹 穀五石 遊人則三年一稅 十一共細布一匹 租戶一石 次七豆 下五豆 『隋書』 「東夷傳」高麗; 『北史』「列傳」高麗에도 같은 내용이 실려 있어 참고가 된다.

에서 진행된 직조 기술의 지속적 발전의 결과일 것이다. 『삼국사기』 및 중국 정사正史 고구려전류에 언급된 신분과 지위에 따른 복식 구분[52] 역시 일차적으로는 고구려 자체의 직조 기술 및 직물생산 능력과 관련하여 이해할 필요가 있다. 중국 역대의 여러 왕조와 진행하였던 조공형식의 교역으로 확보한 물품만으로 고구려 사회, 특히 지배층이 필요로 하던 다양한 직물 수요를 감당하기는 어려웠을 것이기 때문이다. 계속된 영역 확장, 이로 말미암은 인구 증가 및 산업 영역 확대가 5세기까지의 고구려 역사임을 감안하면, 이 과정에 고구려 사회에서 직물의 수요는 지속적으로 증대할 수밖에 없었을 것이다. 결국 국가 차원의 적극적인 직물 산업 장려가 뒤따르게 되는데, 기존 수취 항목의 하나이던 베 등의 직물이 품질별로 구분되어 수취되는 것도 사회적 수요동향과 이에 대응한 공공 차원의 공급체계 사이의 함수관계에 영향을 받은 결과라고 해야 할 것이다. 이로 볼 때, 견우직녀 설화가 전해질 경우, 고구려에서도 직물 산업을 담당하는 여자 직공들 사이에 직녀에 대한 신앙이 유포될 여지는 충분하다고 해야 하겠다. 이러한 흐름을 감안하면서 고구려 고분벽화에 등장하는 견우직녀도를 보다 구체적으로 살펴보기로 하자.

덕흥리벽화분 앞방 고임 남측에 그려진 견우와 직녀는 견우직

---

[52] 이에 대해서는 전호태, 2000, 「고분벽화에 나타난 고구려인의 신분관-5세기 집안 지역 고분벽화의 인물도를 중심으로-」(『한국고대의 신분제와 관등제』제3장, 아카넷) 참조.

녀 설화가 일정한 틀을 갖춘 뒤의 상태를 반영하는 것으로 보인다. 남쪽의 하늘 전체를 대각선에 가깝게 둘로 나눈 은하는 천하라는 이름에 걸맞게 굽이쳐 흐르는 물줄기처럼 그려졌다. 은하의 동편에 견우, 서편에 직녀가 표현된 것도 별자리의 위치와 맞아떨어진다. 은하에서 떨어진 채 앞을 바라보며 소를 끌며 길을 재촉하는 듯한 견우와 달리 직녀는 은하 바로 곁에 서서 두 손을 소매 속에서 맞잡은 자세로 아쉬운 듯 은하 건너편을 바라보고 있다. 직녀 뒤편에 검은 개 한 마리가 보이는데, 넋을 잃은 듯한 모습의 직녀를 물끄러미 쳐다보며 걸음을 내딛는 듯한 자세를 취하고 있다.

견우, 직녀의 자세와 표정, 주변의 정황으로 보아 두 남녀는 만났다가 헤어진 상태이다. 견우가 소를 끌고 은하를 건너 직녀를 만난 듯하다. 두 남녀 사이에 쌓였던 그리움을 얼마간 풀고 견우가 다시 은하를 건넌 뒤의 모습이 고임 벽화로 정리된 상태라고 하겠다. 따라서 이 화면을 통해 읽을 수 있는 것은 별자리 신 견우, 직녀가 은하를 건너 만났다가 헤어지는 처지에 있는 존재라는 사실이다. 칠월칠석七月七夕이라는 특정한 절기와 오작교烏鵲橋라는 설화적 장치가 견우직녀 설화의 구성요소로 더해졌는지 여부는 벽화의 화면을 통해 확인하기 어렵다.

그렇다면 견우, 직녀의 만남이 칠월칠석에 이루어진다는 관념이 덕흥리벽화분 벽화에 배어들 가능성이 있는지에 대해 먼저 살펴보기로 하자. 이와 관련하여 먼저 고려할 것은 덕흥리벽화분의 벽화가 408년경 제작되었다는 사실이다. 이것은 벽화 중의 견우직녀도가 5세기 초까지 고구려에 알려진 견우직녀 설화의 기본 내용이 어떠한 것이었는지를 짐작하게 하지만, 이와 함께 당시까지 중국 사회에서 진행되고 있던 견우직녀 설화 전개 과정의 한 단계를 추적할 여지도 마련해 준다는 것을 뜻한다. 7월 7일을 특별한 날로 인식하던 관념이 견우직녀 설화와는 별도로 성립했음은 잘 알려진 사실이다.53) 중국에서 기장이 익는 7월, 특히 양수陽數의 날인 7일에 특별한 음식을 먹는 풍습은 견우직녀 설화와 관계없이 위魏 이전에 성립하였다고 한다.54) 문제는 천문관측상 견우성과 직녀성이 은하 좌우에서 가깝고도 뚜렷하게 비치는 때가 7월이라는 점이다.55) 견우직녀 설화가 7월이라는 특정한 달과 맺어져 인식될 계기가 주어진 셈이다. 결국 후한말에 이르러 견우성, 직녀성 관측 결과를 둘러싼 여러 가지 이야기와 7월 7일을 절기로 기리는 풍습이 맺어지면서 견우직녀 설화에서 '견우, 직녀의 7월 7일 만남'이 핵심적인 내용으로 떠오르게 된다.56) 따라서 덕흥리벽화분에 벽화로 그려지기 이전부터 칠월칠석은 견우직녀 설화의 한 부분, 그것

---

53) 王孝廉, 1987, 앞의 글『中國的神話世界』下冊下篇 第5章, 時報出版公司(臺北); 屈育德, 1988, 「牛郞, 織女與七夕乞巧」『神話.傳說.民俗』中國文獻出版公司(北京)

54) 中村喬, 1982, 앞의 글『立命館文學』439.440.441.

55) 出石誠彦, 1928, 앞의 글『文學思想研究』8 (1973, 『支那神話傳說の研究』中央公論社)

56) 中村喬, 1982, 앞의 글『立命館文學』439.440.441; 이후 七夕說話가 민간에 널리 유포되는 시기는 魏晉代이다.(鄺士元, 1984, 「七夕傳說考源」『魏晉南北朝史研究論集』文史哲出版社)

도 매우 중요한 내용의 구성요소로 자리 잡고 있었던 셈이다. 그렇다면 덕흥리벽화분의 견우직녀도에도 칠월칠석이라는 특정한 기일에 대한 관념이 깔려있을 가능성을 배제하기는 곤란하다고 하겠다.

견우직녀 설화에서 오작교 부분은 남조 양대까지의 문헌에서는 확인되지 않는다.[57] 『회남자』 일문佚文을 비는 형식으로 한대에 이미 설화의 한 부분으로 자리 잡는 듯이 이야기되기도 하지만,[58] 일반적으로는 당대唐代에 이르러 시인묵객들의 시가에서 노래 되기 시작하는 것으로 이해되고 있다.[59] 덕흥리벽화분의 견우직녀도가 408년 경 제작되었음을 고려하면, 이 시기에 오작교에 관한 관념이 벽화에 표현될 가능성은 없다고 보아야 할 것이다.

대안리1호분 벽화의 베 짜는 여인과 관련하여 염두에 둘 것은 위에서 지적하였듯이 널방 앞벽의 좌측과 우측 벽에 각각 직녀와 견우를 표현했으나, 우측 벽의 견우 그림이 회와 함께 떨어져 나갔을 가능성이다. 사신四神이 주요 제재로 등장하는 5세기 중엽 이래의 고구려 고분벽화 제재 구성 방식으로 보아[60] 이 추측이 실제와 일치할 가능성은 매우 높다.

---

57) 洪淑苓, 1988, 앞의 책, 學生書局(臺北)
58) 淮南子佚文 …烏鵲塡河以渡織女『白氏六帖』
59) 洪淑苓, 1988, 앞의 책, 學生書局(臺北)
60) 전호태, 1993, 앞의 글『國史館論叢』48.

그런데 이 추측과 관련하여 하나 더 고려할 것은 대안리1호분 널방 벽화 제재 구성 방식이 보이는 특징이다. 대안리1호분 벽화의 경우, 널방 벽의 아래 부분은 사신, 위 부분은 생활풍속으로 장식되고 있다. 이러한 형태의 벽화 구성은 죽은 이의 내세 삶이 현세와 같은 수준과 방식으로 유지되기를 소망하는 전통적인 사고방식에 죽은 이의 이와 같은 내세 삶을 지켜줄 수 있는 존재는 사신이라는 인식이 더해지면서 나타난 현상으로 해석되어야 할 것이다.

따라서 대안리1호분 널방 벽 위 부분의 생활풍속 장면은 무덤에 묻힌 이의 현세 삶의 재현이자, 내세 삶의 모습이라고 하겠다.[61] 여기에서 특히 눈길을 끄는 것은 널방 오른벽, 곧 서벽 위 부분의 벽화이다. 인물행렬 사이에 달이 그려져 있기 때문이다. 벽의 가운데 부분에 배치된 인물들의 머리 사이로 모습을 드러낸 달을 단순한 배경이나 장식으로 보기는 어려울 것이다. 이 달을 인물행렬을 포함한 생활풍속의 모든 제재가 내세 삶의 모습이며, 내세 삶의 공간으로 하늘 세계가 상정되고 있음을 확인시켜주는 존재로 해석해야 하지 않을까. 이러한 해석이 허용된다면, 널방 앞벽 벽화의 베 짜는 여인이 현실 세계의 베 짜는 모습을 재현한 존재이자 견우직녀 설화의 별자리 신 직녀로 그려진 인물로 파악될 여지는 더욱 더 커진다.

대안리1호분 널방 앞벽에 그려진 베 짜는 여인이 설화상의 직녀

---

61) 전호태, 2000, 『고구려고분벽화연구』 사계절.

라면, 이 인물은 덕흥 리벽화분 앞방 고임에 묘사된 직녀와 비교되는 존재이다. 먼저 눈에 띠는 것은 대안리1호분 벽화의 여인은 베틀이라는 현실 세계의 작업 장치와 직접 연결되어 있다는 사실이다. 5세기 중엽경 고구려에서 이루어지고 있던 방직 작업의 현장을 그대로 보여 주고 있는 것이다. 이 벽화는 또한 고구려가 국가적 차원에서 직물 산업에 관심을 기울이고 있었을 것이라는 추측을 물증으로 뒷받침하는 측면도 지닌다.

이 벽화의 여인과 관련하여 한 가지 더 고려할 것은 5세기 중엽에 이르러 고구려의 직물 산업 정책과 연계되어 설화상의 직녀에 대한 신앙이 민간에 유포되었을 가능성이다. 고구려에서 직녀 신앙이 받아들여지고 퍼졌을 가능성을 검토할 때 참고가 되는 것이 신라의 수도 경주에서 6부 여인의 베 짜기 내기가 연례행사로 치러졌다는 기사이다.[62] 신라에서 치러진 이 베 짜기 내기 행사가 단순한 놀이 차원을 넘어서 직물생산을 장려하려는 국가적 산업정책의 산물일 것임은 쉽게 짐작할 수 있다. 문제는 국가에 의한 이러한 조직적 직물생산 장려 정책이 작업 현장에서는 직공들로 하여금 과도한 노동에 시달리게 만든다는 사실이다. 중국 사회에서 한대에 직물 산업의 번창하면서 이러한 현상이 나타나고 이로 말미암아 걸교라는 풍습이 나타났음은 앞에서 이미 지적하였다. 신라의 경우는 알 수 없으나, 고구려에서도 직물 산업이 발달하면서 방직

---

[62] 『三國史記』「新羅本紀」儒理王5年條.

을 하던 여인들 사이에서 걸교라는 풍습이 번졌을 가능성은 없을까. 덕흥리벽화분의 출현으로부터 반세기 가까운 시간이 흐르면서 베틀 앞에 앉아 베 짜는 모습으로 등장한 대안리1호분 벽화의 여인에게서 별자리 신 직녀에 대한 신앙과 그 구체적 표현으로서의 걸교의 전래와 시행 가능성을 타진하는 것은 무리일까.

고구려의 덕흥리벽화분이 연구자들의 눈길을 끈 가장 큰 이유는 무덤 안에서 벽화뿐 아니라 기년紀年이 포함된 장문의 묵서명이 발견되었기 때문이다. 이후 무덤의 주인공 유주자사幽州刺史 진鎭의 출신과 역임한 관직의 실제성을 둘러싼 논쟁이 치열해지면서 벽화의 다양한 제재에 대한 연구와 해석은 오히려 뒤로 밀리는 듯한 인상을 주었다.

그러나 덕흥리벽화분의 벽화는 5세기 초의 고구려 사회와 문화를 읽어내는 데에 필수적인 자료이다. 벽화의 수많은 제재들이 어떠한 성격의 사회적, 문화적 코드를 내면에 숨기고 있는지는 아직 제대로 파악되지 못하고 있다. 덕흥리벽화분 앞방 고임에 그려진 수많은 별자리와 하늘 세계의 존재들이 개별적으로 지닌 사회문화적 의미, 상호 연계되어 담아내고 있는 종교사상적 기호들은 벽화가 그려지던 당시의 고구려, 더 나아가 동아시아 사회 전반을 이해하는 가장 기초적인 장치 겸 바탕으로 삼아야 할 것들이다. 덕흥리벽화분 앞방 고임에 모습을 드러낸 견우직녀도 그러한 의미에서 살펴볼 가치가 있는 제재 가운데 하나이다.

덕흥리벽화분에 그려진 견우직녀는 중국의 한~남북조에서 이루어진 견우직녀 설화 및 관련 풍습의 발달과정과 관련하여 이해할 필요가 있는 존재이다. 한~남북조에서 이루어진 별자리 신으로서의 견우, 직녀의 출현 과정, 두 남녀 신을 둘러싼 설화의 전개 과정으로 볼 때, 덕흥리벽화분에 그려진 견우와 직녀는 한 해 한 차례 은하를 건너 만날 수밖에 없는 상황에 처한 존재이다. 광개토왕 재위 때인 408년경의 고구려에 이미 전해져 벽화로까지 남은 견우직녀 설화의 내용이 잘 드러난다.

    5세기 중엽 경 제작된 것으로 보이는 대안리1호분 벽화의 베 짜는 여인은 덕흥리벽화분에 등장하는 직녀에 대한 관념이 더욱 진전된 결과물이라고 할 수 있다. 대안리1호분 널방 벽화의 생활풍속 장면이 현실의 재현이자, 내세의 모습이라는 점을 고려할 때, 벽화의 베 짜는 여인에게도 현실 세계의 직공으로서의 모습과 직공들이 신앙하던 별자리 신 직녀에 대한 인식이 겹쳐져 있을 것이기 때문이다. 벽화의 베 짜는 여인은 전성기를 구가하던 5세기 중엽 경의 고구려 사회에서 직물 산업의 번창과 이로 말미암은 직녀 신앙의 수용과 전개 가능성을 검토하게 하는 단서이기도 하다.

부록 4

고분벽화로 본 고구려인의 신선신앙
–고분벽화의 신선신앙 제재

1. 평양 및 안악지역

1) 신선神仙

고구려 고분벽화에는 신선 신앙과 관련한 제재가 다수 포함되어 있다.[1] 평양, 안악, 집안 지역 고분벽화에서 발견되는 신선들과 각종 상서로운 존재들이 그들이다. 무용총 벽화에서는 당나귀 귀와 같이 긴 귀를 지닌 남녀 선인仙人이 나란히 앉아 거문고를 뜯는 모습을 볼 수 있으며, 덕흥리벽화분 벽화에서는 반盤을 든 채 하늘을 나는 옥녀玉女를 찾아볼 수 있다. 안악1호분 벽화에는 날개 달린

---

[1] 고구려 벽화고분의 분포와 고분벽화의 구성과 내용에 대해서는 全虎兌, 2000, 『고구려 고분벽화연구』7, 사계절 부록 참조.

물고기와 사람 머리의 짐승이 등장하고, 강서대묘 벽화에는 토끼 머리의 새가 나타난다. 모두 일상의 삶 속에서는 만날 수 없는 존재들이다. 벽화 중의 이들을 어떻게 해석하여야 할까.

『제왕운기帝王韻紀』에 의하면, 고구려의 건국시조 주몽朱蒙은 아버지 해모수가 하늘로 올라간 후, 기린麒麟을 타고 하늘과 땅 사이를 왕래하며 정사政事를 돌보아 조천석朝天石에 기린의 발자국이 남아 있다고 한다.[2] 『광개토왕비문廣開土王碑文』에는 고구려를 세워 나라의 기틀이 굳건해진 뒤, 주몽은 하늘에서 내려보낸 황룡黃龍의 머리를 밟고 하늘로 올라갔다는 기사가 있다.[3] 해모수는 자칭, 타칭 '천제天帝', 혹은 '천제天帝의 아들'이다.[4] 따라서 그 아들 주몽 역시 하늘 세계의 사람이다. 이 때문인지 해모수와 주몽은 이 세상 사람이면 누구나 맞는 '죽음'을 경험하지 않는다. 불사不死의 존재인 것이다. 해모수와 주몽, 모두 신화 세계의 일원임을 드러내는 부분이지만, 동시에 이들이 신선 관념이 투영된 존재이자 신선 신앙의 대상으로 인식될 수 있음을 보여준다.

그렇다면 고구려에는 과연 신선 신앙이 있었을까. 있었다면 어떤 내용의 것이었을까. 고유의 관념이 중심 줄기를 이룬 것이었을

---

2) 往來天上詣天政 朝天石上驅蹄輕 『帝王韻紀』卷下.

3) 不樂世位 因造黃龍來下迎王 王於忽本東岡黃龍負乘天 『廣開土王碑文』

4) 天帝降于訖升骨城 乘五龍車 立都稱王 國號北扶餘 自稱名解慕漱 『三國遺事』「紀異」第一; 麗朝性高 謚東明 善射故以朱蒙名 父解慕漱母柳花 (本紀云 漢神雀三年壬戌 天帝遣太子解慕漱 遊扶餘王古都…) 『帝王韻紀』卷下.

까. 아니면 외래의 관념을 바탕으로 한 것이었을까. 어떤 내용의 것이든 고구려 사회에 신선신앙이 있었다면, 이 신앙과 위에서 예를 든 고분벽화의 신선신앙 제재 사이에는 어떠한 상관관계가 성립할까. 또, 고분벽화의 제재들과 문헌 및 금석문 자료상의 기록들, 관련 유물들과의 상관관계는 어떠할까. 이 글에서는 먼저 고분벽화에 보이는 신선신앙 제재로는 어떤 것이 있으며, 이들 제재의 종교문화사적 위치는 어떠한지를 살펴보자.

평양, 안악지역 고분벽화에서 신선 관념을 반영하는 존재로 가장 이른 시기에 등장하는 인물로는 덕흥리벽화고분 앞방 천장고임 벽화의 선인仙人과 옥녀玉女들을 들 수 있다.[5] 천장고임의 별자리와 신수서조神獸瑞鳥들 사이에 표현된 선인과 옥녀는 신화·전설상 같은 개념에 포함되는 견우와 직녀를 포함하여 각 3인씩, 모두 6인이며, 이들의 왼편에는 이들이 누구인지를 알리는 명문銘文이 쓰여 있다. 고임 서측의 달 아래 표현된 선인 1인은 오른손에 연지蓮枝를, 왼손에 당幢을 쥔 채 왼편을 향해 날고 있으며, 선인의 뒤를 따르는 옥녀는 오른손에 연봉蓮蓬을, 왼손에 번幡을 쥔 모습으로 같은 방향으로 날아간다. 이 옥녀 아래에서 역시 왼편을 향해 날고 있는 또 다른 옥녀는 두 손으로 반盤을 받쳐 들었다. 고임 남측 남두육성南斗六星 앞

---

5) 덕흥리벽화고분에 대해서는 박진욱・김종혁・주영헌・장상렬・정찬영, 1981, 『덕흥리 고구려벽화무덤』, 과학백과사전출판사 (朝鮮畵報社 編, 高寬敏, 1986, 『德興里高句麗壁畵 古墳』, 講談社 (東京), 1986) 참조.

(그림1) 감신총 앞방 천장고임 서쪽 벽화 **서왕모**

(그림2) 천왕지신총 널방 천장고임 북쪽 벽화 모사화 **천왕과 지신**

2부 부록

225

의 선인은 왼손에 연지를 쥔 채 왼편을 향해 날고 있는데, 머리에는 관冠을 썼다. 이 선인仙人 아래에는 고임 왼편 위 모서리에서 오른편 아래 모서리에 걸쳐 대각선 방향으로 그어진 은하銀河를 경계로 그 좌우에 견우와 직녀가 그려졌다. 견우는 이미 은하를 건너 소를 끌며 갈 길을 가고 있고, 은하 이편의 직녀는 떠나는 견우의 뒷모습을 아쉬운 듯 바라보고 있다.

견우와 직녀를 제외한 덕흥리고분 벽화의 선인과 옥녀는 하나같이 손에 무엇인가를 쥐거나 받쳐 들고 하늘을 나는 모습이며, 선인들의 바짓가랑이 끝은 좌우로 갈라졌다. 이들이 신선신앙에서 언급되는 선인과 옥녀임은 명문에서도 명확히 밝혀지지만, 표현위치나 표현방식을 통해서도 짐작할 수 있다. 408년 제작의 고분벽화에 이들이 등장하는 이유는 무엇일까. 일단, 선계仙界에 대한 관념과 인식이 5세기 초 고구려 평양지역 종교문화의 한 요소로 존재했음은 상정할 수 있겠다.

덕흥리고분벽화 외에 벽화 중 신선과 비슷한 존재가 등장하는 다른 사례로는 감신총龕神冢 벽화를 들 수 있다.[6] 축조 시기상 덕흥리벽화고분과 그리 멀지 않은 감신총의 앞방 천장고임 서쪽에는 신화, 전설상의 서왕모西王母로 보이는 한 인물과 그의 시녀로 보이

---

[6] 龕神塚에 대한 初期 報告 및 資料集으로는 朝鮮總督府, 1915, 『朝鮮古蹟圖譜』 二, pl.479~481; 李王職, 1916, 『朝鮮古墳壁畵集』 pl.69~83; 關野貞, 1941, 『朝鮮の建築と藝術』, pp.382~386이 있다.

는 두 여자, 이들을 향해 새를 타고 오는 한 여자 등이 그려졌다.(그림1) 중심인물이 앉은 T자형 대臺의 수직 받침은 지그재그로 뻗어 오른 계단식 대로 둘러싸였고, 계단식 대 사이사이로는 수많은 산봉우리가 솟아 있다. T자형 대와 계단식 대의 내부는 상서로운 기운을 나타내는 데에 쓰이는 달팽이, 혹은 고사리무늬로 채워졌다. 중심인물과 그를 둘러싼 기물器物의 표현방식이나, 인물들의 벽화 상의 위치 등으로 볼 때, 이들은 중국의 한대漢代부터 선계仙界의 대명사로 일컫게 되는 곤륜현포崑崙玄圃와 그곳의 주인인 서왕모 및 그 권속들로 판단된다.[7] 이 벽화는 서왕모를 중심으로 한 선계의 제반 존재에 대한 인식이 5세기 고구려의 평양지역에 존재했음을 확인케 하는 자료의 하나이다.

천왕지신총天王地神塚 벽화에서도 선계 인식과 관련된 존재를 찾아볼 수 있다.[8] 널방 고임 북서측과 북동측 벽화에 등장하는 새를 타고 하늘을 나는 인물들이 그들이다. 봉鳳으로 보이는 새에 올라탄 채 왼손에 번류幡類를 쥐고 있는 북서측 인물의 머리 위에는 '천왕天王'이라는 묵서墨書가 있어 그 정체를 확인할 수 있다.(그림2) 그러나 북동측 인물은 그 정체뿐 아니라 타고 있는 새의 모습도 명확

---

[7] 全虎兒, 1997a, 「高句麗 龕神塚 壁畵의 西王母」『韓國古代史研究』 11; 全虎兒, 1997d, 「漢 畵像石의 西王母」『美術資料』 59.

[8] 天王地神塚에 관한 글과 圖面은 關野 貞, 1917, 「平壤附近に於ける高句麗時代の墳墓及繪畵」『國華』 327號; 朝鮮總督府, 1917, 『大正五年度古蹟調査報告』; 朝鮮總督府, 1930, 『高句麗時代之遺蹟』 圖版下卷 (古蹟調査特別報告第五冊) 참조.

(그림3) 매산리사신총 널방 북벽 벽화 모사화 **무덤 주인부부**

(그림4) 강서대묘 널방 천장고임 벽화 모사화 **선인**

치 않다. 이들이 표현되는 방식과 기금이수류奇禽異獸類 및 별자리 등 고임 다른 면의 존재들을 함께 고려할 때, 천왕과 다른 한 인물은 신선신앙의 흐름과 관련지어 이해될 수 있을 것이다.

이외에 신선적 존재와 관련하여 검토될 수 있는 벽화 제재로는 수산리고분벽화水山里古墳壁畵의 승선昇仙과 관련된 장면,⁹⁾ 몸 좌우로 서기瑞氣가 표현된 수렵총 널방의 묘주인 그림을 들 수 있다.¹⁰⁾ 수산리벽화고분 널방 앞벽에 보이는 구름을 배경으로 허공에 떠 있는 인물과 이 세상에서 그를 떠나보내는 듯이 그를 쳐다보는 두 인물로 구성된 장면은 흔히 묘주인 승선도昇仙圖로 이해되고 있다. 그렇다면 고구려 고분벽화에서는 승선관념을 구체적으로 드러낸 몇 되지 않는 사례에 해당한다. 매산리사신총梅山里四神塚으로도 불리는 수렵총狩獵塚 널방 안벽의 묘주인 및 처첩妻妾 그림은 정좌한 묘주인 어깨 좌우에서 서기瑞氣가 뻗어 나가는 모습을 표현함으로써 승선에 대한 묘주인과 그 일족의 소망을 드러낸 경우이다. (그림3) 역시 눈길을 끄는 사례라고 하겠다.

이상의 몇몇 사례들이 5세기 고분벽화에서 확인되는 경우라면, 6세기 이후 고분벽화에서 신선적 존재가 찾아지는 경우로는 강서대묘 벽화의 선인들을 들 수 있다. 강서대묘 벽화 널방 고임에 등장하는 선인들은 조류鳥類를 타거나, 천의天衣를 휘날리며 나는 모습이다. (그림4) 조류를 타고 있는 선인들은 삼신산三神山으로 추정되는 장소를 향해 나아갈 뿐 아니라, 형상이나 복장에서 그 정체를 뚜렷이 드러내는 편이다. 그러나 천의를 휘날리는 존재들은 비천飛天

---

9) 金元龍, 『韓國壁畵古墳』, 一志社, 1980.
10) 狩獵塚에 대해서는 朝鮮總督府, 1915, 앞의 책, pl.459~478; 李王職發行, 1916, 앞의 책, pl.61~68; 關野貞, 1941, 앞의 책, pp.378~382; 조선유적유물도감편찬위원회 편, 1990, 『조선유적유물도감』 6 (고구려편 4), pl.185~193의 글과 圖面 參照.

으로 일컫는 불교의 천인天人과 닮은 점이 많아 쉽게 단언하기 어렵다.[11] 적어도 조류를 탄 선인들과 함께 고임 벽화에 등장한다는 점에서 일단 눈길을 끄는 존재라고 하겠다.

2) 기금이수奇禽異獸

기금이수가 표현된 평양, 안악지역 고분벽화의 사례는 다수 찾아진다. 5세기 편년 고분벽화로 안악1호분을 비롯하여 덕흥리벽화고분, 연화총蓮花塚, 용강대묘龍崗大墓, 천왕지신총, 수산리벽화고분 등의 벽화와 쌍영총雙楹塚 등 사신이 표현된 고분의 벽화들을 들 수 있다.[12] 6세기 이후의 사례로는 수렵총, 진피리眞坡里4호분, 강서대묘, 강서중묘江西中墓 등 널방 벽에는 사신이, 천장고임에는 기금이수와 별자리 및 선불仙佛의 여러 요소가 함께 표현된 고분벽화들을 꼽을 수 있다.[13] 안악1호분 벽화를 비롯한 몇몇 고분벽화에 등장하는 기금이수의 종류와 표현방식, 벽화 내 위치, 비중 등에 대해 살펴보기로 하자.

안악1호분의 경우 기금이수는 널방 고임에 그려졌다.[14] 벽화를

---

11) 全虎兒, 1997c,「高句麗 後期 四神系 古墳壁畵에 보이는 仙.佛 混合的 來世觀」『蔚山史學』 7.

12) 全虎兒, 1993a,「高句麗의 五行信仰과 四神圖」『國史館論叢』 48.

13) 全虎兒, 1997c, 앞의 글『蔚山史學』 7.

14) 안악1호분에 대한 보고로는 도유호, 1949,「안악에서 발견된 고구려고분들」『문화유

그렸던 회灰가 떨어져 나간 부분을 감안하면, 본래는 12마리가 배치되었을 것이나 현재 남아 있는 것은 11마리이다. 평행고임 제2층 각 면 중앙의 삼각불꽃무늬 좌우에 각 1마리씩 배치된 기금이수 가운데 동면 북측의 새는 몸통과 꽁지깃만 남아 있어 그 정체를 파악하기 어렵다. 동면 남측의 것은 짐승 몸에 사람 머리를 지녔다. 남면 동측에는 비어飛魚, 서측에는 천마天馬가 표현되었다. (그림5) 서면 북측의 것은 회가 떨어져 나가 어떤 존재가 표현되었는지 알 수 없다. 그러나 남아 있는 서수가 날개 달린 기린麒麟임을 고려하면, 기린이 흔히 자웅雌雄이 쌍을 이루도록 표현됨을 감안할 때, 없어진 서수는 남아 있는 기린의 짝일 가능성이 높다. 북면의 서조 한 쌍은 봉황, 혹은 주작의 자웅 한 쌍인 듯하다. 삼각고임 제1층의 서면 남측에 그려진 것은 새의 일종이나 머리 부분이 없어져 정체가 파악되지 않으며, 북측의 것은 새 몸에 짐승 머리를 지녔다. 반면, 동면 북측의 새는 몸의 일부와 머리가 사람이다. 남측의 새는 머리 부분이 남아 있지 않다.

덕흥리벽화고분에서 기금이수는 앞방 궁륭고임에 각각의 정체를 알리는 묵서명墨書銘과 함께 표현되었다. 고임 동측에는 청양靑

물」 1 (李啓烈 中譯, 1952, 「在朝鮮安岳發現的一二高句麗古墳」『文物參考資料』, 1952年 1期); 학계소식, 1958, 「기양관개지구에서 새로 발견된 고구려벽화고분」『문화유산』, 1958년 4기; 채병서, 1958, 『안악제1,2호분발굴보고』(과학원고고학및민속학연구소, 『유적발굴보고』 4) 과학원출판사 등이 있다.

陽,15) 양광陽光16)이라는 이름을 지닌 새와 비어飛魚가 배치되었으며, 모두 자신의 오른편을 향한 모습이다.(그림6) 청양은 머리가 둘이며, 양광은 불을 밟은 채 나래치고 있다. 천장고임 남측에는 길리吉利, 부귀富貴, 성성猩猩 등이 그려졌다. 짐승 머리의 새로 그려진 길리와 부귀는 이름 그대로 인간에게 길리와 부귀를 가져다주는 존재이다. 일상의 소망이 형상화된 사례의 하나라고 하겠다. 성성은 『산해경山海經』에 등장하는 이수異獸의 하나이다17). 고임 서측에는 짐승 머리에 새 몸을 지닌 천추千秋와 만세萬歲가 등장하는데, 역시 장수에 대한 소망이 낳은 존재이다. 고임 북측에는 천작天雀, 지축地軸18) 천마天馬, 영양零陽19), 벽독辟毒, 훼원噣遠, 하조賀鳥20), 박위博位21) 등 다수의 기금이수가 등장한다. 천작天雀은 공작류를 연상시키는 서조의 하나로 추정되며, 한 몸의 양끝에 사람 머리가 있는 지축地軸

---

15) 青陽之鳥 一身兩頭(이하 해당되는 기금이수 곁의 墨書銘).

16) 陽光之鳥 履火而行.

17) 有獸焉 其狀如禺而白耳 伏行人走 其名曰狌狌 食之善走『山海經』「南山經」; 氾林方三百里 在狌狌東(或作猩猩 字同耳) 狌狌知人名 其爲獸如豕而人面(周書曰 鄭郭狌狌者 狀如黃狗而人面 頭如雄鷄 食之不眯…) 在舜葬西『山海經』「海內南經」; 有靑獸 人面 名曰猩猩 (能言)『山海經』「海內經」.

18) 地軸一身兩頭.

19) 零陽之象 學道不成 頭生七口.

20) 賀鳥之象 學道不成 背負藥口.

21) 博位之猗頭生四耳 口有[得]自明在於右.

(그림5) 안악1호분 널방 천장고임 남쪽 벽화 모사화 **비어와 천마**

(그림6) 덕흥리벽화분 앞방천장고임 동쪽벽화 모사선화 **기금이수와 사냥**

은 이름 그대로 땅의 균형이 유지되게 하는 존재이다.[22]

　8각角8면画인 천왕지신총의 널방 천장고임에는 8마리의 기금이수가 등장한다. 북동면에 선인인 듯한 사람을 태운 새, 동면에 사람 머리의 새, 남동면에 사슴류의 짐승, 남면에 몸통 일부와 꽁지깃 부분만 남은 새, 남서면에 서조의 하나로 추정되는 새 한 마리, 서면에 짐승 머리의 새, 북서면에 천왕을 태운 봉류의 새 한 마리, 북면에 양끝에 사람 머리가 달린 지신이 보인다. 동면과 서면의 새는 덕흥리고분벽화에 보이는 천추, 만세와 대응되는 존재로 보이며, 벽화상의 위치 및 생김으로 보아 북면의 지신은 덕흥리고분벽화의 지축과 같은 존재이다.[23]

　이외에 연화총, 용강대묘,[24] 수산리벽화고분 등의 벽화에서는 봉황같은 서조를 표현한 사례들이 확인된다. 6세기 이후의 사례에서 눈길을 끄는 것은 강서대묘 널방 천장고임에 표현된 다양한 기금이수들이다. 강서대묘 널방 천장고임 제2층 동면 남측에 한가운데에 표현된 산을 향해 날아가는 두 마리의 새가 나타나며, 서면 북측에 역시 한가운데에 표현된 산을 향해 날아가는 두 마리의 새가 보인다. 앞의 새는 선인을 태우고 있다. 천장고임 제3층 4개의 삼

---

[22]　고구려 고분벽화에서 地軸이 지닌 의미에 대한 글로는 南秀雄, 1993,「高句麗壁畵の地軸像」『古文化談叢』30(中), 九州古文化硏究會를 참조.

[23]　이에 대해서는 南秀雄이 이미 지적하였다. (南秀雄, 1993, 같은 글).

[24]　朝鮮總督府, 1915, 앞의 책.

(그림7) 강서대묘 널방 천장고임 서북면 벽화 **기린**

각석 밑면에는 한 쌍씩의 서조가 표현되었다. 천장고임 제3층 동북면에는 가운데 표현된 영초류靈草類 좌우에 서조가 한 쌍 묘사되었는데, 유사한 표현이 동남면과 서남면에도 보인다. 서북면에는 영초류 좌우에 기린 한 쌍이 표현되었다.(그림7) 고임 제4층 동면과 남면에는 서조가 두 마리씩 표현되었는데, 그 형태가 분명치 않다. 서면에는 남측에 토끼 머리의 새, 북측에 머리 형태가 분명치 않은 서조가 묘사되었다. 북면에는 서측에 서조 한 마리, 동측에 용의 머리 부분이 보인다.

3) 기타

고분벽화의 신선신앙 제재로는 선인, 기금이수 외에 신산神山, 영초靈草, 귀신鬼神 등을 들 수 있다. 이외에 안악1호분 널방 고임벽화의 기금이수 사이에 표현된 세모꼴불꽃무늬도 신선신앙적 제재에 포함하여야 할 듯하다. 신선가神仙家에서 불은 단약丹藥 제조뿐 아니라 승선昇仙의 수단으로도 중요한 의미를 지니기 때문이다.[25] 덕흥리벽화고분의 널길 벽화에는 창을 꼬나든 귀면鬼面의 괴물수문장이 보이는데, 이들은 사악한 귀신의 침입을 막기 위해 그려진 존재라는 점에서 신선신앙의 제재로 꼽을 수 있다. 천왕지신총 널방 고임 '人'자 소슬 위의 주두柱頭에는 수면獸面이나 귀면鬼面을 나타냈다. 역시 사악한 존재를 물리치기 위한 표현이다. 강서대묘 널방 고임 벽화에는 신산, 영초가 등장한다. 신산은 삼신산三神山이나 곤륜산崑崙山일 것이며, 영초는 영지류靈芝類를 나타낸 것이리라.[26]

2. 집안集安 지역

1) 신선

집안 지역 고분벽화에 신선이 등장하는 사례는 무용총舞踊塚, 삼실총三室塚, 통구사신총通溝四神冢, 오도분5호묘五盜墳5號墓, 오도분4호묘五盜墳4號墓의 벽화를 꼽을 수 있다. 무용총의 경우, 선인은 널방 고

---

[25] 鄭在書, 1996, 「高句麗古墳壁畵에 보이는 神話・道敎的 題材에 대한 새로운 인식 - 중국과 주변문화와의 관계성을 중심으로」 『白山學報』 50 (1996, 『동양적인 것의 슬픔 - 넘어섬, 그 힘의 예증까지』 살림 재수록).

[26] 全虎兌, 1997c, 앞의 글 『蔚山史學』 7.

(그림8) 무용총 널방 천장고임 북서면 벽화 **거문고 타는 선인**

임 벽화에 등장한다.[27] 벽부壁部와 잇닿은 고임 하단의 남동면 남측에는 나무를 사이에 두고 각각 평상에 앉은 두 선인이 보이는데, 둘 중 남측에 가까운 곳의 선인은 서책書冊을 펼쳐 무엇인가를 쓰고 있다. 북서면의 남측에도 두 그루의 나무를 사이에 두고 마주 앉은 채 거문고를 뜯는 남녀 선인이 등장한다. 둘 가운데 보다 남측에 표현된 남자 선인의 귀는 당나귀 귀처럼 길다. (그림8) 이른바 선

---

[27] 池內宏.梅原末治, 1940,『通溝』卷下 (日滿文化協會), pp.15~20, pl.35~46; 池內宏.梅原末治, 1940,「滿洲國通化省輯安縣に於ける高句麗の壁畵墳」『考古學雜誌』30卷 9號; 조선유적유물도감편찬위원회 편, 1990, 앞책 6 (고구려편 4) 외국문종합출판사, pl.27~50 參照.

인의 신체적 특징 가운데 하나이다.[28] 천장고임 동측에 한 선인이 긴 뿔피리를 불며 하늘을 나는 모습이 보이며, 남동측에 어떤 강한 기운에 끌려가는 듯한 모습의 선인이 등장한다. 남측의 두 선인 가운데 아래편 선인은 두 마리의 학을 부리며 또 한 마리의 학을 탄 모습이며, 위의 선인은 손에 연봉오리 줄기를 쥐고 하늘을 날고 있다. 남서측의 선인은 어떤 악기를 다루는 듯한 자세이며, 서측 선인은 세 줄기의 연봉오리 줄기를 손에 쥐었다. 북측 선인은 긴 뿔피리를 불고 있으며, 북동측의 선인은 몸을 크게 튼 채 달려가는 듯한 모습으로 하늘을 나는 모습이다.

삼실총의 제2실과 제3실 천장고임 벽화에도 선인으로 볼 수 있는 인물들이 나타난다.[29] 제2실의 경우, 천장고임 제4층 동면의 남측과 남면의 동측에 각각 긴 뿔피리와 완함류阮咸類 악기를 연주하는 인물이 보인다. 불교 기악천伎樂天을 형상화한 사례로 이해되지만, 이 두 존재에 혼합된 종교적 관념이 부여되었을 가능성은 남아 있다.[30] 서측에 보이는 인물은 소의 머리를 지녔는데, 신농神農으로

---

28) 漢代 遊仙詩에는 仙人의 長耳에 대한 언급이 종종 보인다.(仙人騎白鹿 髮短耳何長 導我上太華 攬芝獲赤龍 來到主人門 奉藥一玉箱 主人服此藥 身體日康彊 髮白復更黑 延年壽命長「長歌行」: 정재서, 1995,『不死의 신화와 사상』민음사, p.209 수록 자료)

29) 關野貞, 1914, 앞의 글; 朝鮮總督府, 앞의 책, 1915; 池內宏·梅原末治, 1940, 앞의 책, pp.21~27, pl.47~68; 李殿福, 1981,「集安洞溝三室墓壁畵補正」『考古與文物』1981年3期, pp.123~126, 118; 조선유적유물도감편찬위원회 편, 1990, 앞의 책6(고구려편 4), pl.75~90 參照.

30) 全虎兌, 1997c, 앞의 글『蔚山史學』7.

〈그림9〉 통구사신총 널방 천장고임 서북면 벽화 모사화 **학을 탄 선인**

추정된다.[31]

　6세기의 벽화고분인 통구사신총의 널방 천장고임 벽화에는 보다 정형화된 모습의 선인들이 보인다.[32] 널방 천장고임 2층 동북면과 동남면에는 각기 용을 탄 채 북쪽을 향해 나아가는 선인이 2인, 3인이 나타난다. 서남면에는 호랑이와 기린, 새를 탄 선인이, 서북

---

31) 全虎兌, 1997c, 앞의 글『蔚山史學』7; 정재서는 신농을 東夷系 신화의 주요 구성요소로 이해하고 있다.(鄭在書, 1996, 앞의 글)

32) 池內宏·梅原末治, 1940, 앞의 책 卷下(日滿文化協會), pp.29~36, pl.69~92; 池內宏·梅原末治, 1940, 앞의『考古學雜誌』30卷9號; 梅原末治·藤田亮策 編, 1966,『朝鮮古文化綜鑑』卷Ⅳ, 養德社(東京) p.10, pl.19~20; 조선유적유물도감편찬위원회 편, 1990, 앞의 책 6(고구려편4), pl.269~286 參照.

면에는 각기 학을 탄 선인 2인이 등장한다. (그림9) 고임 제3층의 동면에는 해와 달을 받쳐 든 해신과 달신, 서면에는 서판書板에 글을 쓰는 선인과 막대기를 비벼 불을 지피려는 선인이 나타난다.

오회분5호묘 널방 고임 제1층의 동면에는 해와 달을 받쳐 든 복희伏羲와 여와女媧, 남면에는 각기 용과 기린을 탄 선인, 서면에는 수레바퀴를 만들고 있는 신인과 쇠모루에 마치질을 하는 신인, 북면에는 불꽃을 손에 쥔 신인과 손에 곡식 이삭을 쥔 소머리의 신 신농神農이 표현되었다.[33] 널방 고임 제3층에는 용을 탄 채 악기樂器를 다루거나, 춤을 추는 자세의 천인天人 8인이 묘사되었다. 형태상 이들이 불교의 기악천伎樂天에서 유래했음은 부인할 수 없으나, 강서대묘 벽화에서와 같이 이들에게 혼합된 종교적 관념이 부여되었을 가능성은 배제할 수 없다.

오회분4호묘의 널방 천장고임 벽화에 등장하는 선인 역시 오회분5호묘 벽화에서와 거의 차이를 보이지 않는다.[34] 오회분4호묘 벽화에서 오히려 눈길을 끄는 것은 널방 벽면의 귀갑형 사방연속무늬 안에 그려진 인물 10인이다. 동벽 청룡 머리 뒤편의 연속무

---

[33] 關野 貞, 1914, 앞의 글 『朝鮮及滿洲』 78; 關野 貞, 1914, 앞의 글 『考古學雜誌』 5卷3號; 朝鮮總督府, 1915, 앞의 책 二, 名著出版社(關野貞 外); 吉林省博物館(李殿福.方起東), 1964, 앞의 글 『考古』 1964年2期; 梅原末治.藤田亮策 編, 1966, 위의 책; 조선유적유물도감편찬위원회 편, 1990, 위의 책, pl.308~330 參照.

[34] 吉林省博物館(李殿福.方起東), 1964, 앞의 글 『考古』 1964年2期; 李殿福, 1984, 「吉林集安五盔墳四號墓」 『考古學報』 1984年1期; 조선유적유물도감편찬위원회 편, 1990, 위의 책, pl.287~307.

늬 안에는 관인풍官人風 복장을 한 인물이 연꽃 위에 서 있는데, 등에 날개가 돋았으며 어깨 뒤로는 더듬이와 같은 것이 뻗어 나왔다. 남벽 동측의 인물은 연꽃 위에 한쪽 무릎을 세우고 꿇어앉은 자세로 앞에 놓인 컵 모양의 그릇에 꽃 이파리와 같은 것을 넣으려 하고 있다. 남벽 서측벽 주작 머리 위의 인물은 연꽃 위에 서 있으며 관인풍의 복장을 하고 있다. 서벽 남쪽 백호의 머리 뒤편에도 관인풍의 복장을 한 인물이 연꽃 위에 서 있는 모습이 묘사되었고, 백호의 뒷다리 아래편 연속무늬 안의 인물 역시 연꽃 위에 서 있는 모습이다. 서벽 북쪽 끝 백호의 꼬리 아래에 묘사된 인물은 연꽃 위에 무릎 꿇고 앉은 자세이며 오른손에 무엇인가를 들고 들여다보고 있다. 북벽 서쪽 끝의 인물은 연꽃 위에 쪼그려 앉은 자세로 막대 끝으로 8괘의 하나를 짚고 있으며, 그 대각선 위편의 인물은 둥근 부채를 든 채 연꽃 위에 서 있다. 연속무늬 한 칸 건넌 곳의 인물 역시 둥근 부채를 들고 있는데, 어깨 좌우로 더듬이와 같은 것이 부드럽게 뻗어 나왔다. 북벽 동쪽 끝의 네 번째 인물의 어깨 좌우에도 더듬이와 같은 것이 뻗어 나왔다.

2) 기금이수 奇禽異獸

무용총 벽화에 등장하는 기금이수는 주로 새나 사슴류이다. 널방 천장고임 동면에는 부리에 연봉오리 줄기를 물고 있는 새가 보이며, 남동면에는 아래쪽 해 곁에 봉황으로 추정되는 새가, 위쪽에

(그림10) 삼실총 제2실 천장고임 남면 벽화 **소머리 새**

무엇인가를 쪼아 먹으려는 자세의 새가 나타난다. 남면의 아래쪽에는 선인의 부림을 받는 새 세 마리가 있고, 위쪽에는 연봉오리 줄기를 문 채 힘 있게 날아가는 새가 배치되었다. 서면에는 아래쪽에 사슴 한 마리가, 위쪽에 새가 표현되었고, 북서면에는 천마天馬로 보이는 짐승이 묘사되었다. 북면에는 사람 머리의 새가 그려졌으며, 북동면에는 기린 한 마리가 서쪽을 향해 달린다. 삼실총 제2실 천장고임 남면 동측에 묘사된 것은 짐승 머리의 새이며,(그림10) 서측에 그려진 것은 봉황류鳳凰類의 서조이다. 서면 남측에는 서조 한 마리가 배치되었고, 북측에는 사슴 한 마리가 표현되었다. 북면 서측의 것은 기린이며, 그 뒤의 것은 사람 머리의 새이다. 동면 북측에도 새 한 마리가 묘사되었다. 동면 남측의 그림은 회가 떨어져 내용을 알 수 없다.

통구사신총 널방 고임 제2층의 4면에는 서조와 선인을 태운 용, 기린, 호랑이, 학 등이 그려졌다. 고임 제3층 남면에 그려진 것은 짐승 머리의 새 두 마리가 마주 보며 나래치는 모습이며, 서면의 선인들 뒤에 표현된 것은 새가 뱀을 쪼아 먹는 장면이다. 북면에는 짐승 머리의 새 한 마리가 보인다. 오회분5호묘 널방 고임 제1단의 남면에는 선인을 태우고 하늘을 가로지르는 용과 기린이 표현되었다. 제2단의 4면에는 각 면마다 기악인伎樂人을 태운 용이 두 마리씩 등장한다. 각 고임석 밑면에도 용이 보인다. 이러한 존재들은 오회분4호묘 널방 고임 벽화에도 동일하게 나타난다.

3) 기타

무용총 널방 고임벽화에는 거문고를 타거나 글을 쓰는 선인들 사이로 줄기가 두터운 나무들이 표현되었다. 선계仙界의 나무일 것이나 그 종류는 알 수 없다. 통구사신총 널방 고임벽화에는 귀면鬼面의 괴물들이 나타난다. 선계의 입구를 지키는 자들이다. 오회분5호묘와 오회분4호묘 널방 고임벽화의 신神들 사이에는 부채꼴 이파리를 지닌 나무들이 등장한다. 역시 선계의 나무들일 것이다. 두 고분의 널방 벽 각 모서리에는 고임의 하늘 세계를 받치는 자세의 귀면鬼面 역사力士가 표현되었다. 선계의 권속으로 볼 수 있는 존재들이다.

2. 고구려인의 신선신앙

1) 평양 및 안악 지역

다른 글에서도 지적하였듯이 4세기 중엽 무렵 고구려는 확대된 영역 안의 다양한 문화를 원原고구려문화와 융합시켜야 하는 현실적 과제와 맞닥뜨리고 있었다.[35] 문화적 통합은 이질적인 사회를 통합시키는 기반이 될 수 있기 때문이었다. 그런데 새롭게 고구려의 영역으로 편입된 지역 가운데 평양 일대 및 요동 지역 일부의 문화는 질과 내용상 원原고구려문화에 일방적으로 흡수될 수 있는 성격의 것이 아니었다. 4세기 중엽 무렵 요하遼河유역은 서북의 협서陝西지역과 함께 5호16국시대5胡16國時代라는 혼란기에 빠져든 북중국北中國 일대에서는 상대적으로 안정된 지역으로 여겨지던 곳이다.[36] 때문에 이들 지역으로는 한족漢族의 사족층士族層을 중심으로 한 유이민이 계속 흘러들었고, 이로 말미암아 두 지역의 사회·문화적 수준은 이전에 비해 크게 향상되고 있었다. 한漢이 군현郡縣을 설치한 이래, 군현의 정치적 지위는 부침浮沈을 거듭하였지만, 평양 일대 역시 중국 한·위·진 문화와의 지속적인 접촉을 통해 일정한 문화 수준을 항시 유지하고 있었다. 두 지역은 고구려로서는 부담스

---

[35] 전호태, 2000,「고구려문화와 고분벽화」,『한국역사와 고고학』, 학연문화사.
[36] 湯池, 1989,「漢魏南北朝的墓室壁畵」(中國美術全集編輯委員會 編,『中國美術全集』繪畵編 12(墓室壁畵), 文物出版社(北京)).

러운 수준의 문화를 지니고 있었던 것이다.

문화적 측면에서 볼 때, 고구려의 불교 수용은 불교가 기존의 지역문화를 뛰어넘는 보편문화 성립의 기준을 제시할 뿐 아니라 기반으로도 작용할 수 있다는 판단을 바탕으로 이루어진 결정으로 보아야 할 것이다.[37] 물론 고구려에서 불교가 지닌 이데올로기적 성격이나 문화 매개체로서의 기능 등을 검토될 때에 이웃 중국 각 왕조의 사례나 동향이 주요한 참고가 되었을 것은 두 말할 필요 없을 것이다. 그렇다면, 불교 수용 이후 고구려가 당면하고 있던 보편문화의 창출이라는 과제는 어떤 방식으로 해결의 실마리를 찾아갔을까. 평양 일대를 중심으로 성립한 나랑문화樂浪文化는 어떠한 형태로 새로운 고구려 문화의 일부로 편입되었고, 요동지역 문화는 어떠한 방식으로 고구려 문화에 융합되었을까. 환인과 집안 일대에 뿌리를 둔 원原고구려문화는 이후 앞의 시기와는 구별되는 어떤 모습을 지니게 될까. 이와 관련하여 눈길을 끄는 것이 앞장에서 살펴본 고분벽화의 신선신앙 제재들이다.

먼저 평양 지역의 경우를 살펴보자. 4세기말로 편년 되는 안악1호분 벽화에는 신선신앙과 관련 깊은 기금이수들이 다수 등장한다. 널방 천장고임 벽화에서 확인되는 11마리의 기금이수는 모두 '승선昇仙'과 관련하여 이해될 수 있는 존재들이다. 고임 동북측에

---

[37] 全虎兌, 1989, 「5세기 高句麗古墳壁畵에 나타난 佛敎의 來世觀」 『韓國史論』 21, 서울대 국사학과.

보이는 상체는 사람인 새는 모자와 옷 입음새에서 선인仙人을 연상시키며, 동남과 서북측에 자리 잡은 새는 중국 남북조시대南北朝時代의 천추千秋, 만세상萬歲像과 매우 닮았다.[38] 봉황으로 추정되는 고임 북측의 서조瑞鳥 두 마리와 서남측의 천마天馬, 남서측의 기린麒麟 등은 선인과 관련한 설화에 즐겨 등장하는 존재들이다. 또한 기금이수의 대부분이 날개를 지녀 비상飛翔이 가능한 존재로 그려졌다.[39] 비록 고임 밑면에 연꽃무늬들이 배치되었지만, 이러한 기금이수들의 존재는 고임에 표현하려던 중심 주제가 '승선昇仙'임을 짐작하게 한다. 4세기말 무렵 안악지역에 신선신앙이 존재했으며, 이러한 기존 신앙의 흐름에 불교가 영향을 끼치기 시작했음을 시사한다.

408년 제작의 덕흥리고분벽화는 이와 관련하여 눈길을 끄는 사례이다. 덕흥리고분 앞방 천장고임에는 기금이수와 함께 선인, 옥녀가 여럿 등장한다. 선인, 옥녀가 신선신앙과 관련된 존재임은 이미 잘 알려진 사실이다. 이들은 연지蓮枝를 손에 쥐고 있거나, 반盤을 받쳐 든 채 하늘을 날고 있다. 이른바 천선天仙에 해당하는 존재들이다. 이들은 고임 벽화의 주제를 승선昇仙으로 상정하게 하지만, 결론을 내리기에 앞서 살펴보아야 할 것은 고임 북측 하단에 쓰인 아래와 같은 내용의 명문銘文이다.

---

[38] 南秀雄, 1993, 앞의 글.
[39] 飛翔하는 存在와 神仙信仰의 關係에 대해서는 鄭在書, 1996, 앞의 글 『白山學報』 50 參照.

□□郡信都「縣」都鄕「中」甘里 釋加文佛弟子□□氏鎭仕 位建威將軍「國」小大兄左將軍 龍驤將軍遼東太守使持 節東「夷」校尉幽州刺史鎭 年七十七薨「焉」永樂十八年 太歲在戊申十二月辛酉朔十五日 乙酉成遷移玉柩周公相地 孔子擇日武王「選」時歲使一 良葬送之「後」富及七世子孫 番昌仕宦日遷移至侯王 造藏萬功日煞牛羊酒肉米粲 不可盡「掃」且食鹽「豉」食一椋記「之」「後」世寓寄無疆

명문에서 무덤의 주인공 진鎭은 자신이 불교신도임을 밝히고 있다. 벽화의 내용 가운데에도 연지풍蓮池圖, 칠보공양도七寶供養圖 등 불교행사를 나타낸 장면들이 확인된다. 그렇다면 진鎭이 희구한 것은 불교의 천계天界에 전생轉生하거나, 쟁토淨土에 왕생往生하여 누리는 내세 삶인가. 그러나 같은 시기 중국의 불교 조상명彫像銘에 보이는 '정토왕생淨土往生 운운云云'하는 구절은 명문에 보이지 않는다. 비록 자신이 석가문불제자釋加文佛弟子임을 강조하고 있지만, 불교적 내세에 대한 관념은 그리 뚜렷하지 않은 셈이다.[40] 앞방 고임 벽화의 제재들이 보여주듯이 오히려 선계仙界에 대한 인식은 구체적이며, 앞의 안악1호분 벽화의 단계에서 한 걸음 더 나아가고 있다. 덕흥리고분벽화는 5세기초 남포지역을 포함한 평양 일대에서는 귀족 가운데 자신이 불교도佛敎徒임을 밝히는 사람이 있을 정도로 불교의

---

40) 全虎兌, 1990, 「고구려 고분벽화에 나타난 하늘연꽃」『美術資料』46.

사회.문화적 영향력이 강화되지만, 그 정도가 선계仙界 인식을 중심으로 한 기존의 내세 관념에 구체적인 변화를 일으키는 데까지는 미치지 못했음을 시사하는 중요한 역사자료라고 하겠다. 그러면 5세기에 들어 고구려의 평양지역에서 선계에 대한 인식이 오히려 구체성을 띠는 이유는 무엇일까.

감신총은 5세기 전반의 이른 시기로 편년 되는 벽화고분이다. 이 고분벽화에서 눈길을 끄는 것은 앞방 천장고임 서편에 묘사된 서왕모西王母로 추정되는 인물과 그 권속들이다. 이들은 평양 일대에 존재한 곤륜선계崑崙仙界에 대한 인식과 이에 대한 신앙의 흔적을 담은 존재들이기도 하다.[41] 역시 이 지역에서의 선계에 대한 인식이 구체적임을 알게 한다. 주의할 것은 감신총 앞방의 고임과 벽의 벽화 제재 가운데에는 불교와 관련한 인식의 흔적들도 보인다는 사실이다. 감신총 벽화의 주제를 순수한 의미의 승선昇仙으로 규정하기는 곤란하다는 것이다.

감신총벽화의 이러한 표현과 위의 덕흥리고분벽화의 내용을 함께 고려한다면 5세기 전반 평양지역 종교신앙의 흐름에 대해서는 어떤 해석과 평가가 뒤따라야 할까. 먼저 검토되어야 할 것은 이러한 표현들에 깔린 선계仙界의 삶, 장생불사長生不死의 세계에 대한 관념과 소망이 당시 사회에서 지니는 비중과 의미일 것이다. 국가 차원의 불교 수용과 확산, 국가의 후원 아래 불교신앙 전파의 중심 역

---

41) 全虎兒, 1997a, 앞의 글.

할을 담당했을 평양^{平壤} 9사9^{寺}의 존재, 이러한 당시의 사회 분위기를 반영하는 덕흥리고분벽화의 불교행사 장면들과 감신총벽화의 불교 관련 제재들. 이러한 면들을 함께 염두에 둔다면, 덕흥리고분벽화 뿐 아니라 감신총벽화에서도 확인되는 선인^{仙人}과 선계^{仙界}에 대한 인식은 5세기 전후 평양 일대의 종교신앙에서 나름의 뚜렷한 줄기를 형성하고 있으면서도 불교적 관념으로부터 자유롭지는 않았다는 해석이 가능해진다.[42] 그런데 안악1호분벽화에 비해 덕흥리고분 및 감신총 벽화의 선계 인식과 표현이 보다 구체적임을 고려하면, 신선신앙이 평양 일대에서 나름의 일정한 위치를 확보하는 것과 이 시기 종교신앙상의 동향이 맺는 함수관계는 상당히 복잡한 성격을 지님을 짐작할 수 있다. 이 시기 종교신앙상의 흐름은 과연 어떤 것이었을까. 이 시기 이후의 흐름을 읽게 하는 천왕지신총 및 강서대묘 벽화에 대한 검토 후 이에 대해 논하기로 하자.

앞에서 보았듯이 천왕지신총의 널방 천장고임 벽화에도 천왕^{天王}으로 칭해지는 인물과 보통사람과는 구별되는 모습의 또 한 인물이 조류^{鳥類}를 타고 하늘을 나는 모습으로 나타난다. 또한 지신^{地神}을 비롯해 천추^{千秋}, 만세^{萬歲}로 추정되는 기금이수들도 등장한다. 적어도 이 고임 벽화만으로 보면, 무덤 주인이 지향한 내세는 만세토록 삶을 누리는 선인의 세계이다. 그러나 널방 벽화의 배경을 이

---

[42] 5세기 평양을 둘러싼 종교적 흐름에 대해서는 全虎兑, 1989, 앞의 글 『韓國史論』 21, 서울대 국사학과; 全虎兑, 1990, 앞의 글 『美術資料』 46 參照.

루는 연꽃장식 연속귀갑문이 내비치듯이 그 내세란 불교적 내세에 대한 관념이 복합된 세계이다. 불교의 정토淨土 삶에 대한 소망이 배제된 순수한 의미의 선계로 규정하기는 어려운 것이다.

이와 유사한 관념의 존재는 정도 차이는 있으나 연화총, 용강대묘, 수산리고분의 벽화를 통해서도 확인할 수 있다. 수산리고분벽화의 경우, 널방 왼벽에 표현된 승선昇仙과 관련된 표현에서 무덤 주인이 지향한 내세의 정체를 짐작할 수 있다. 그러나 고임 하단을 장식한 커다란 연꽃무늬들은 여러 가지 면에서 신선신앙의 상징으로 이해하기는 곤란한 존재들이다. 벽화 제작시기가 연꽃무늬 장식 고분벽화가 유행하는 5세기 후반으로 추정되고 있음을 함께 고려하면, 무덤 주인이 누리려는 내세 삶의 내용에 정토 삶에 대한 인식이 혼재混在되어 있을 가능성을 배제할 수 없기 때문이다.[43]

이와 같은 내세관의 혼재 양상은 이 시기보다 1세기 가량 뒤에 제작된 강서대묘벽화까지 이어진다. 강서대묘 널방 천장고임에 그려진 선인과 기금이수들은 고임 동서東西의 한가운데의 산들로 대표되는 선계仙界에 속하는 존재들이 확실하다. 그러나 벽화에 등장하는 악기를 다루거나 하늘을 날아다니는 인물들은 중국 북조北朝 석굴사원石窟寺院을 장식하고 있는 불교의 비천飛天과 형상이나 자세에서 거의 구별되지 않는다.[44] 더욱이 널방 고임 하단의 인동연화

---

43) 全虎兌, 1990, 위의 글 『美術資料』 46.
44) 全虎兌, 1997c, 앞의 글.

문은 '보주화생寶珠化生'의 각 과정을 생생하게 보여준다는 점에서 불교적 관념의 반영으로 이해될 수밖에 없는 제재들이다. 강서대묘 벽화에서도 선계에 대한 인식 속에 불교의 내세에 대한 관념이 혼입된 모습을 읽어낼 수 있는 것이다. 결국 평양 및 안악 지역 고분벽화에는 내세 삶에 대한 선.불 혼합적 인식이 5세기 후반 이전이나 이후, 시기에 관계없이 지속적으로 반영되고 있음을 확인할 수 있다.[45] 무엇 때문일까. 이제 위에서 언급한 5세기 전후 이 지역에서의 종교신앙의 동향에 대해 검토해야 할 듯하다.

다른 글에서도 지적하였듯이 5세기 전후, 고구려는 국가적 차원에서 필요성을 절감하던 보편 관념 및 보편 문화 창출의 도구이자 기반으로 불교를 받아들여 그 확산에 힘쓰고 있었다.[46] 물론 새로운 이념 및 문화 정책 시행의 중심으로는 4세기 초에야 영역화에 마침표를 찍은 평양지역이 선택되었다. 원原고구려의 중심인 환인.집안 지역에는 보편 이념 및 문화의 창출과정이 왕권 중심의 권력재편과정과 표리를 이룰 것을 우려하는 보수적 귀족세력이 굳건히 자리 잡고 있었기 때문이다. 비록 보수적 귀족세력의 견제를 받을 우려는 없는 곳이라는 장점을 지닌 곳이나, 평양지역은 고조선古朝鮮의 중심이었을 뿐 아니라, 중국 한漢의 군현郡縣, 삼국三國, 위魏,

---

[45] 全虎兌, 1997c, 앞의 글 『蔚山史學』 7.
[46] 전호태, 1989, 앞의 글.

진秦의 변방으로 기능 하던 곳인 만큼 일정 수준 이상의 문화 기반을 갖추고 있었다.[47] 이러한 점은 이웃 안악지역도 마찬가지였다. 평양과 안악 일대는 지리적 위치로도 중국 동부의 연안 지역과 교류가 용이한 곳이어서 한.위.진대 중국의 문화가 곧바로 전달될 수 있었다. 발해만 일대를 중심으로 성장과 확산을 거듭하여 한.위.진대의 중국을 휩쓴 신선신앙과 같은 종교신앙의 흐름이 평양, 안악 지역에 전해졌을 가능성 등이 충분히 상정될 수 있는 것이다.

평양지역이 지니고 있던 이러한 문화적 조건은 불교 중심의 보편 이념 및 문화가 빠른 시간 안에 고구려의 집권 세력이 의도하던 방식과 내용으로 성립하는 것을 어렵게 만들 수도 있음을 시사한다. 더욱이 불교의 확산과 동시에 추진되던 주몽설화의 신화화, 종교화가 계통상 불교보다는 신선신앙 등과 접합되기 쉽다는 사실은 이러한 우려에 현실감을 더한다. 실제 안악1호분, 덕흥리벽화고분, 감신총, 천왕지신총 등의 벽화는 이러한 우려가 현실화했을 것이라는 판단을 가능하게 한다. 이들 고분벽화의 제재 선택과 배치에 불교적 관념이 끼친 영향은 승선과 관련한 관념에 비해 제한적이었던 것으로 보이기 때문이다.

그런데 평양과 안악, 두 지역만을 놓고 볼 때, 평양이 중심이라면 안악은 변방에 해당한다. 제한된 기간 동안 문화의 수용과 소화를 둘러싸고 두 지역 사이에 일정한 차이가 있을 수 있음을 시사한

---

47) 全虎兌, 1993a, 앞의 글 『國史館論叢』 48.

다. 덕흥리고분벽화에 비해 안악1호분벽화에 표현된 선계 인식이나 불교에 관한 관념이 모두 뚜렷하지 않은 이유는 1차적으로는 두 세계에 대한 무덤 주인의 인식의 심도深度 차이에서 찾을 수 있을 것이며, 더 나아가 이들이 접한 문화 내용, 문화 전달 경로 및 시간의 차이에서도 찾아야 할 것이다. 그러나 두 지역 사이에 나타나는 선계 인식상의 편차에도 불구하고, 고분벽화에서 확인되는 내세승선來世昇仙에 대한 관심과 표현은 이들 지역이 5세기 고구려의 주요 영역 안에서도 독자적인 종교 신앙상의 기반과 흐름을 지니고 있었음을 알려 준다. 6세기 말에서 7세기 초로 추정되는 강서대묘 벽화중의 선계와 관련한 제재들은 5세기 이전부터 확인되는 종교신앙의 흐름이 이후에도 그 줄기를 유지했음을 시사하는 자료라고 하겠다. 그러면 원原고구려 문화의 중심으로 기능했던 환인 및 집안 지역의 동향은 어떠했을까.

2) 집안 지역

집안 국내성 지역의 5세기 벽화고분인 무용총 널방 천장고임 벽화의 중심 주제는 불교정토佛敎淨土에서의 화생化生이라고 할 수 있다. 고임에 표현된 연봉오리와 연꽃은 내세화생來世化生의 산실産室인 하늘연꽃으로 해석된다.[48] 그러나 연꽃과 함께 표현된 인물들,

---

[48] 全虎兌, 1992, 「고구려고분벽화의 해와 달」 『美術資料』 50.

곧 글을 쓰거나 거문고를 뜯는 이들, 뿔피리를 불거나 마냥 허공을 날아다니는 이들은 신선가神仙家에서 말하는 선인仙人이 틀림없다.[49] 승선昇仙 관념에 근거한 존재들인 것이다. 그러면 이 선인들은 연꽃 속에서 화생化生한 존재들인가. 화생이라는 관념의 표현은 무용총보다 늦은 시기로 편년 되는 삼실총 벽화에서도 볼 수 있다. 삼실총의 제2실과 제3실의 고임 벽화에는 여러 곳에 연꽃화생 장면이 묘사되었다. 잘 알려진 것처럼 화생은 정토에서만 이루어진다는 탄생방식이다.[50] 불교 특유의 내세관에 기초를 둔 관념이다. 그런데 삼실총 벽화에도 기린麒麟 등의 기금이수와 신농神農으로 추정되는 신화전설상의 존재가 등장한다. 중국에서 신농과 같은 신화적 존재들이 시간이 흐름에 따라 신선신앙과 관련한 설화 속으로 편입됨을 고려하면, 전형적인 화생 표현의 출현에도 불구하고 삼실총 역시 승선昇仙 관념에서 자유롭다고 보기는 어려울 듯하다. 다만, 무용총 벽화에서는 정토화생淨土化生에 대한 인식과 표현에도 불구하고, 승선을 통한 선계仙界 삶에 대한 소망도 뚜렷하게 내비쳐지는 데에 비해, 삼실총 벽화에서는 화생을 통한 정토에서의 삶으로 저울추가 기운다는 점에서 내세의식의 변화 방향을 읽을 수 있게 한다. 따라서 삼실총벽화 이전의 작품으로 추정되는 무용총벽화의

---

49) 晉 葛洪은 仙人을 다음과 같이 규정하였다: 仙人者 或竦身入雲 無翅而飛 或駕龍乘雲 上造天階 或化爲鳥獸 遊浮靑雲 或潛行江海 翶翔名山 或食元氣 或茹芝草 出入人間而人不識 或隱其身而莫之見『神仙傳』

50) 전호태, 1990, 앞의 글.

선인을 화생化生이라는 불교적 탄생방식 사이에는 관념의 거리가 있다고 보아야 하지 않을까.

그런데 무용총에서 삼실총 벽화로 이어지는 흐름과 관련하여 눈길을 끄는 것은 5세기 중엽으로 편년 되는 장천1호분 벽화이다.[51] 장천1호분 벽화는 불교사원을 연상시킬 정도로 여래, 보살, 비천飛天, 연꽃화생 등 불교적 제재 위주로 구성되었기 때문이다.[52] 무용총 벽화에 등장하는 선인들이나, 삼실총 벽화의 신농과 같은 존재들이 장천1호분 벽화에는 보이지 않는다. 앞의 두 고분벽화와 중복되는 기금이수도 기린 정도가 있을 뿐, 사람 머리의 새를 비롯한 기묘한 존재들을 장천1호분 벽화에서는 발견하기 어렵다. 고분벽화를 통한 내세관 표현에서 선계 인식의 배제, 혹은 잠복을 읽게 하는 부분이다. 평양 및 안악 지역과 달리 집안 지역에서는 불교가 종교 신앙상의 주류적 위치를 차지하면서, 내세관에서도 정토화생 위주의 불교적 관념이 승선적 관념을 압도하는 현상이 나타난 것이 아닐까 생각된다. 그러면 5세기의 집안 지역에서는 왜 이와 같이 평양 지역과는 다른 흐름이 나타나는 것일까.

집안 지역과 평양 지역은 입지, 환경, 역사 등 여러 측면에서 상호 차이가 있지만, 여기에서 검토해야 할 부분은 두 지역의 문화적

---

51) 吉林省文物工作隊.集安縣文物保管所(陳相偉.方起東),「集安長川一號壁畵墓」『東北考古與歷史』 1輯, 1982; 조선유적유물도감편찬위원회 편, 1990, 앞의 책 6(고구려편4), pl.91 - 112

52) 全虎兌, 1993b, 앞의 글.

기반과 내용의 차이이다. 집안 지역은 거듭 지적하였듯이 원原고구려문화의 중심이다. 원고구려문화의 기반은 아무래도 소박하고 건실한 생활풍토와 수목과 천신天神 숭배를 비롯한 자생적 종교신앙일 것이다.[53] 평양지역과 같이 중국 한.위.진의 문화와 지속적으로 접촉하면서 풍족하고 세련된 생활방식을 개발하고, 현세 승선과 같은 신선신앙을 추구하거나, 이와 관련된 관념을 주요한 문화 기반으로 삼았을 것으로 보기는 어렵다. 4세기 이래 5세기 초까지 고구려의 영역으로 편입되는 요동 지역의 문화가 원고구려문화에 일정한 영향을 끼친 것으로 보이나, 그 정도는 시기적으로나 밀도로나 제한적일 수밖에 없었다.[54] 그렇다면 원고구려문화의 구성요소는 평양 지역에 비해 다양하고 복합적이지 않았을 가능성이 높다. 따라서 5세기 전후, 고구려가 국가 차원에서 추진한 불교신앙의 확산과 주몽설화의 신화화라는 다소 이질적인 두 정책이 집안 지역에서 비교적 단순한 구조를 지닌 기존 문화의 저항을 뚫기는 그리 어렵지 않았으리라 짐작된다.

주몽설화의 신화화와 종교화는 주몽이라는 현실 역사 속의 인물에 얽힌 사적을 기존의 천신신앙에 덧대는 성격을 띠는 것이었으므로 오히려 쉽게 관철될 수 있었을 것으로 보인다. 불교신앙의 확산 또한 이를 저지할 만한 체계적인 종교신앙이 집안 지역에 뿌

---

53) 全虎兒, 1996, 「고구려 각저총벽화 연구」 『美術資料』 57.
54) 전호태, 2000, 앞의 글.

리박지 않은 상태에서는 국가의 뒷받침 아래 진행이 계속될 수 있었을 것이다.[55] 무용총벽화에 보이는 선인이나 기금이수는 요동이나 평양지역을 거쳐 집안 지역에 소개된 신선신앙의 요소들이라고 할 수 있는데, 이들 가운데 대부분이 삼실총 벽화에 등장하지 않는 것은 집안 지역에 신선신앙이 깊이 뿌리 내리지 못했기 때문이라고 보아야 할 것이다. 장천1호분의 내부가 불교사원과 같이 장식되며, 이 고분벽화가 제작되던 시기의 집안 지역에 연꽃무늬를 주제로 한 고분벽화가 다수 나타나는 것도 이러한 추정에 더욱 힘을 실어 준다.[56] 그러면 무용총벽화에 뚜렷이 모습을 드러내었던 승선에 대한 소망은 불교신앙의 유행과 함께 스러져 없어진 것일까. 집안 지역의 6세기 고분벽화를 보자.

앞에서 보았듯이 6세기 집안 지역 벽화고분의 널방 고임 벽화는 각종 신神과 선인仙人, 천인天人, 상금서수祥禽瑞獸들로 채워졌다. 벽화의 제재만으로 판단할 때, 각 벽화고분의 널방은 신인神人들의 세계, 일종의 이상향理想鄕이다. 오회분4호묘 널방 벽을 장식한 귀갑형 사방연속무늬 안의 인물 10인 가운데 일부는 인동연꽃 속에서 화생化生한 듯한 모습으로 그려졌지만, 막대 끝으로 8괘卦의 하나를 가리키거나 컵 모양의 그릇에 꽃잎류를 담으려는 인물이 이들 가운데 포함되어 있음을 볼 때, 이들의 정체는 선인仙人에 가깝

---

55) 전호태, 2000, 앞의 책.
56) 전호태, 1990, 앞의 글.

다. 그렇다면 널방 안의 세계는 선계仙界인가. 정확히 표현한다면 불교의 화생이라는 관념이 더해진 선계라고 할 수 있을 것이다.[57] 그런데 5세기 중엽경의 고분벽화에서는 그 모습을 감추다시피 한 선계에 대한 인식과 표현이 6세기 고분벽화에 왜 다시 나타나는 것일까. 게다가 중심 주제로까지 택해지는 이유는 무엇일까.

여러 방향에서 그 이유를 찾을 수 있겠으나, 우선적으로 고려해야 할 부분은 사회·문화적 환경의 변화일 것이다. 이와 관련하여 5세기 전반 고분벽화에서 확인되던 선계 인식이 여러 가지 방식으로 사회 이면裏面에 잠복해 있다가, 6세기에 이르러 문화적 여건이 바뀌면서 다시 사회 전면에 대두했을 가능성이 먼저 고려될 수 있겠다. 다른 하나는 6세기의 문화적 변동 내용 안에 신선신앙과 관련한 관념의 재수용再受容과 이의 확산이 포함되어 있을 가능성이다. 또 이러한 두 가지 흐름이 복합되었을 가능성도 있다. 과연 어느 쪽일까.

6세기 고구려사회의 모습을 다시 살펴보자. 6세기 중엽, 고구려는 귀족연립을 바탕으로 한 지방분권적 사회운영기에 접어든다.[58] 이렇게 사회운영의 틀이 바뀌면서 국가권력의 뒷받침 아래 성장을 거듭했던 불교는 '왕권王權'이라는 가장 강력한 후원자를 사실상 잃게 된다. 연립정치를 주도하던 귀족세력들로서는 왕권과 밀착한

---

57) 全虎兌, 1997c, 앞의 글.

58) 金賢淑, 1996, 『高句麗 地方統治體制 硏究』(경북대학교박사학위논문)

불교를 더 이상 적극적으로 후원할 필요를 느끼지 않게 되었을 것이기 때문이다.[59] 불교가 보편 이념 및 보편 문화 창출의 기반이자 도구로 작용하면서 가져온 효과를 정치적 측면에서 살펴본다면, 왕권을 중심으로 한 중앙권력의 강화일 것이다. 다시 말하면 귀족들이 지닌 정치적 원심력遠心力의 제어이다. 연립정치기에 접어든 고구려에서 불교가 종교신앙의 중심적 지위를 유지하기는 어렵게 되었음을 알 수 있다. 특히 고구려 제2의 중심이자, 연립 주도 귀족세력의 가장 주요한 재지기반在地基盤의 하나이던 집안지역에서 불교의 영향력이 쇠퇴할 것은 쉽게 예견할 수 있다. 불교 전성기 이전의 상황, 곧 체계를 잘 갖춘 또 다른 종교신앙이 불교가 지녔던 자리를 대신할 수 있게 된 것이다. 불교를 대신할 수 있는 신앙체계로는 어떤 것을 꼽을 수 있을까.

7세기의 일이지만, 645년(보장왕寶藏王 4) 당唐의 침입을 받아 요동의 비사성卑沙城이 함락의 위기에 몰리자 성안의 고구려 사람들은 성내城內의 주몽사당朱蒙祠堂에 제祭를 올린다.[60] 이 시기 고구려의 영역 안에 비교적 광범위하게 주몽신앙이 뿌리내렸음을 읽게 하는 부분이다. 주몽설화의 신화화와 종교화는 4세기 말 불교신앙의 확

---

59) 全虎兌, 1997b, 앞의 글.
60) 四年 五月城陷 男女八千口沒焉 …… 城有朱蒙祠 祠有鎖甲銛矛 妄言前燕世天所降 方圍急 飾美女以婦神 巫言 朱蒙悅城必完『三國史記』卷21,「高句麗本紀」9, 寶藏王.

산과 함께 추진된 고구려 국가차원의 이념정책이다.[61] 주몽신앙의 바탕을 이루는 것은 고구려 재래의 천신신앙天神信仰이다.[62] 『제왕운기帝王韻紀』를 비롯한 시조 주몽과 관련한 문헌기록을 통해 알 수 있듯이 천신신앙은 발해만 일대의 무속신앙巫俗信仰에 뿌리를 둔 신선신앙과 공유하는 요소를 다수 지니고 있다. 주몽신앙의 체계화와 확산은 신선신앙 전파의 기반이 될 수 있는 것이다. 6세기 고분벽화의 선계仙界 표현은 불교의 영향력 쇠퇴와 주몽신앙을 발판으로 삼은 신선신앙 대두의 결과로 보아야 할 것이다. 여전히 남는 문제는 이 신선신앙이 어디에서 온 것이며, 벽화 제재의 배치에서 확인되는 내용의 체계성은 어떻게 이해할 것인가이다.

앞에서 보았듯이 집안 지역 6세기 고분벽화에는 기금이수와 선인뿐 아니라 이전의 고분벽화에서는 볼 수 없었던 문명신文明神이 다수 등장한다. 이들은 명백히 신화적 존재들이다. 인신사미人身蛇尾의 해신과 달신, 수신燧神과 신농神農, 야장신冶匠神과 제륜신製輪神으로 이어지는 일련의 신의 계보가 벽화를 통해 확인되는데, 위魏, 진晉을 거쳐 남조南朝 양대梁代에 완성되는 중국 도교신道敎神의 계보와는 거리가 있다. 현재까지는 그 계통이 확인되지 않는 별도의 신의 계보라고 할 수 있겠다.[63] 오회분5호묘 및 오회분4호묘에서 문명

---

61) 전호태, 1989, 앞의 글.

62) 全虎兒, 1993a, 앞의 글 『國史館論叢』 48.

63) 耿鐵華는 中原神話를 고구려가 수용하면서 나타난 현상으로 이해하고 있다.(耿鐵華,

신들 보다 아래층 고임에 표현된 승수乘獸, 승조선인乘鳥仙人들 역시 벽화가 반영하는 신의 계보상의 존재로 보아야 할 것이다. 이러한 신의 계보가 고구려에서 정리되었는지, 아니면 외부에서 전해졌는지 현재로서는 알 수 없다. 그러나 고구려에 일신日神, 월신月神을 비롯한 여러 종류의 신에 대한 신앙이 있었으며,64) 주몽설화에도 그러한 내용이 포함되어 있음을 고려하면, 고구려 재래의 신앙과 벽화에 반영된 신의 계보 사이에 일정한 상관관계가 있을 개연성은 부정하기 어렵다. 이미 5세기 전반의 고분벽화에서 확인되는 신선신앙적인 요소가 주몽설화의 신화화 과정, 곧 국조國祖 주몽의 사적事迹과 천신신앙天神信仰의 연계과정連繫過程에 혼입混入되어 새로운 신화체계 정립에 기여했을 가능성이 있는 것이다. 4세기 말 이래의 종교화 정책이 국조 주몽을 단순히 왕권에 신성성神聖性을 부여하는 천손天孫으로 인식시키는 데에 그치지 않고, 더 나아가 주몽과 유화柳花를 포함한 신앙대상 전반에 대한 정리, 즉 모든 고구려인이 공유할 수 있는 신화체계의 정립에까지 이르렀다면, 불교의 빈자리가 이러한 관념체계로 채워지기는 오히려 쉽지 않았을까.

　몇몇 문헌기록은 고구려 사회가 비교적 이른 시기부터 '신선'에

1993, 「集安五盔墳五號墓藻井壁畵新解」『北方文物』1993年3期.) 이에 대해 정재서는 중원신화라는 개념이 성립될 수 있는지를 먼저 묻는 입장이다.(정재서, 1996, 앞의 글)

64) 全虎兒, 1992, 「고구려 고분벽화의 해와 달」『美術資料』50.

대한 관념과 인식을 지니고 있었음을 시사한다.[65] 고분벽화는 이러한 가능성을 사실로 확인시켜준다. 고구려 고분벽화의 신선신앙 제재는 고구려인이 '승선昇仙'을 내세관의 한 줄기로 삼고 있었음을 알려 준다. 또한 고분벽화의 신선신앙 제재는 고구려가 집안과 평양이라는 두 문화중심의 거리를 좁히려 애쓰면서 겪은 어려움이 어떤 것이었는지를 이해하는 데에 도움을 주기도 한다.

고구려에서 신선신앙이 비교적 깊이 뿌리내린 곳은 평양·안악 지역이었다. 국가적 차원에서 이루어진 불교 후원에도 불구하고, 평양권平壤圈 고분벽화에서 불교적 제재가 신선신앙 제재를 압도한 시기는 극히 짧았다. 고구려의 진출 이전, 이 지역에 자리잡았던 낙랑樂浪이 성립시킨 문화가 지닌 저력 때문일 것이다. 신선신앙은 낙랑문화의 주요한 요소 가운데 하나로 보인다.

집안지역을 중심으로 성립한 원고구려 문화, 그 가운데 종교신앙의 기반이 된 것은 천신신앙 중심의 소박한 자연신앙이었다. 천신신앙은 성격상 신선신앙과의 접합과 융화가 용이하다. 5세기 전후, 국가에 의한 불교 확산책으로 집안의 기존 자연신앙은 불교신앙에 압도되는 경향을 보인다. 고분벽화가 불교적 제재만으로 채워지는 현상도 나타난다. 그러나 주몽신앙의 성립과 확산을 통해 천신신앙의 기본요소는 오히려 체계화되고 있었다. 6세기에 이르러 불교에 대한 국가적 후원이 약화되자, 원고구려의 천신신

---

65) 정재서, 1996, 앞의 글.

앙은 신선신앙과 융화된 모습으로 집안 지역 종교신앙의 중심적 위치를 다시 확보한다.

• 참고문헌목록

「廣開土王陵碑文」,『三國史記』,『三國遺事』,『帝王韻紀』,『東國李相國集』, 『朝鮮王朝實錄: 世宗』,『詩經』,『左傳』,『山海經』,『史記』,『三國志』,『漢書』, 『後漢書』,『淮南子』,『博物志』,『神仙傳』,『荊楚歲時記』,『續齊諧記』,『周書』,『北史』,『開元占經』,『文選』,『日本書紀』,『성경』

과학원고고학및민속학연구소, 1958,「대안리1호벽화무덤」『낙동강및재령강류역고분발굴보고』(『고고학자료집』2) 과학원출판사.

김용남, 1979,「새로 알려진 덕흥리 고구려벽화무덤에 대하여」『력사과학』1979년3기.

金元龍, 1980,『韓國壁畵古墳』, 一志社.

金賢淑, 1996,『高句麗 地方統治體制研究』, 경북대학교박사학위논문.

도유호, 1949,「안악에서 발견된 고구려고분들」『문화유물』1.

박진욱.김종혁.주영헌.장상렬.정찬영, 1981,『덕흥리고구려벽화무덤』 과학백과사전출판사.

金哲埈, 1975,「東明王篇에 보이는 神母의 性格」『韓國古代社會研究』知識産業社.

박남수, 1993,『신라수공업사연구』(동국대학교박사학위논문)

李王職, 1916,『朝鮮古墳壁畵集』

全虎兌, 1989,「5세기 高句麗古墳壁畵에 나타난 佛敎的 來世觀」

『韓國史論』21, 서울대 국사학과.

全虎兒, 1990, 「고구려 고분벽화에 나타난 하늘연꽃」『美術資料』46.

전호태, 1992, 「고구려 고분벽화의 해와 달」『美術資料』50.

전호태, 1993, 「고구려의 오행신앙과 四神圖」『國史館論叢』48.

全虎兒, 1996, 「고구려 각저총벽화 연구」『美術資料』57.

전호태, 1997, 「신화와 제의」(한국역사연구회, 『한국사상사의 과학적 이해를 위하여』청년사)

全虎兒, 1997, 「高句麗 龜神塚壁畵의 西王母」『韓國古代史研究』11.

全虎兒, 1997, 「韓國 古代의 女性」『韓國古代史研究』12.

全虎兒, 1997, 「漢 畵像石의 西王母」『美術資料』59.

全虎兒, 1997, 「高句麗 後期 四神系 古墳壁畵에 보이는 仙·佛 混合的 來世觀」『蔚山史學』7.

전호태, 2000, 『고구려고분벽화연구』사계절.

전호태, 2000, 「고구려 문화와 고분벽화」『한국역사와 고고학』학연문화사.

전호태, 2000, 「고분벽화에 나타난 고구려인의 신분관-5세기 집안지역 고분벽화의 인물도를 중심으로-」(『한국고대의 신분제와 관등제』제3장, 아카넷)

전호태, 2004, 『엑소더스: 새 민족의 탄생』울산대학교출판부.

정재서, 1995, 『不死의 신화와 사상』민음사.

鄭在書, 1996, 「高句麗古墳壁畵에 보이는 神話·道敎的 題材에 대한 새로운 인식 - 중국과 주변문화와의 관계성을 중심으로」『白山學報』50.

조선기술발전사편찬위원회 편, 1996, 『조선기술발전사』2, 과학백과사전종합출판사.

조선유적유물도감편찬위원회편, 1990, 『조선유적유물도감』6(고구려편4)

채병서, 1958, 『안악제1,2호분발굴보고』(과학원고고학및민속학연구소, 『유적발굴보고』4) 과학원출판사.

학계소식, 1958, 「기양관개지구에서 새로 발견된 고구려벽화고분」 『문화유산』, 1958년 4기.

홍기문, 1964, 『조선신화연구-조선사료고증』사회과학원출판사.

耿鐵華, 1993, 「集安五盔墳五號墓藻井壁畵新解」 『北方文物』 1993年 3期.

屈育德, 1988, 「牛郎, 織女與七夕乞巧」 『神話.傳說.民俗』中國文獻出版公司(北京)

吉林省文物工作隊.集安縣文物保管所(陳相偉.方起東), 1982, 「集安長川一號壁畵墓」 『東北考古與歷史』1輯.

金春奉, 1985, 『漢代思想史』중국사회과학출판사(北京)

鄺士元, 1984, 「七夕傳說考源」 『魏晋南北朝史硏究論集』文史哲出版社

王孝廉, 1987, 「牽牛織女的傳說-古代的 星辰信仰」 『中國的神話世界』下冊下篇 第5章, 時報出版公司(臺北)

李殿福, 1981, 「集安洞溝三室墓壁畵補正」 『考古與文物』, 1981年 3期.

李殿福, 1984, 「吉林集安五盔墳四號墓」 『考古學報』, 1984年 1期.

湯池, 1979, 「西漢石彫牽牛織女辨」 『文物』1979年 3期.

湯池, 1989,「漢魏南北朝的墓室壁畵」(中國美術全集編輯委員會 編,『中國美術全集』繪畵編 12(墓室壁畵), 文物出版社(北京)).

洪淑苓, 1988,『牛郎織女硏究』學生書局(臺北)

家井眞, 1979,「牽牛織女相會傳說起源攷」『二松學舍大學論集』

關野 貞, 1917,「平壤附近に於ける高句麗時代の墳墓及繪畵」『國華』327號.

關野貞, 1941,『朝鮮の建築と藝術』

南秀雄, 1993,「高句麗壁畵の地軸像」『古文化談叢』30(中), 九州古文化硏究會.

梅原末治.藤田亮策 編, 1966,『朝鮮古文化綜鑑』卷Ⅳ, 養德社(東京)

辛澄惠 日譯, 1980,「新レく發掘された德興里高句麗壁畵古墳について」『朝鮮學報』95.

朝鮮總督府, 1915,『朝鮮古蹟圖譜』二.

朝鮮總督府, 1917,『大正五年度古蹟調査報告』

朝鮮總督府, 1930,『高句麗時代之遺蹟』圖版下卷 (古蹟調査特別報告第五冊)

朝鮮畵報社 編, 高寬敏 日譯, 1986,『德興里高句麗壁畵古墳』講談社(東京)

中村喬, 1982,「牽牛織女私論および乞巧について-中國の年中行事に關する覺え書き-」『立命館文學』439.440.441.

池內宏.梅原末治, 1940,「滿洲國通化省輯安縣に於ける高句麗の

壁畵墳」『考古學雜誌』30卷 9號.

池內宏.梅原末治, 1940,『通溝』卷下 (日滿文化協會),

折口信夫, 1929,「たなばたと盆祭りと」『民俗學』1卷 1號.

出石誠彦, 1928,「牽牛織女說話の考察」『文學思想硏究』8.

쟈크 브로스 지음, 주향은 옮김, 1998,『나무의 신화』이학사.